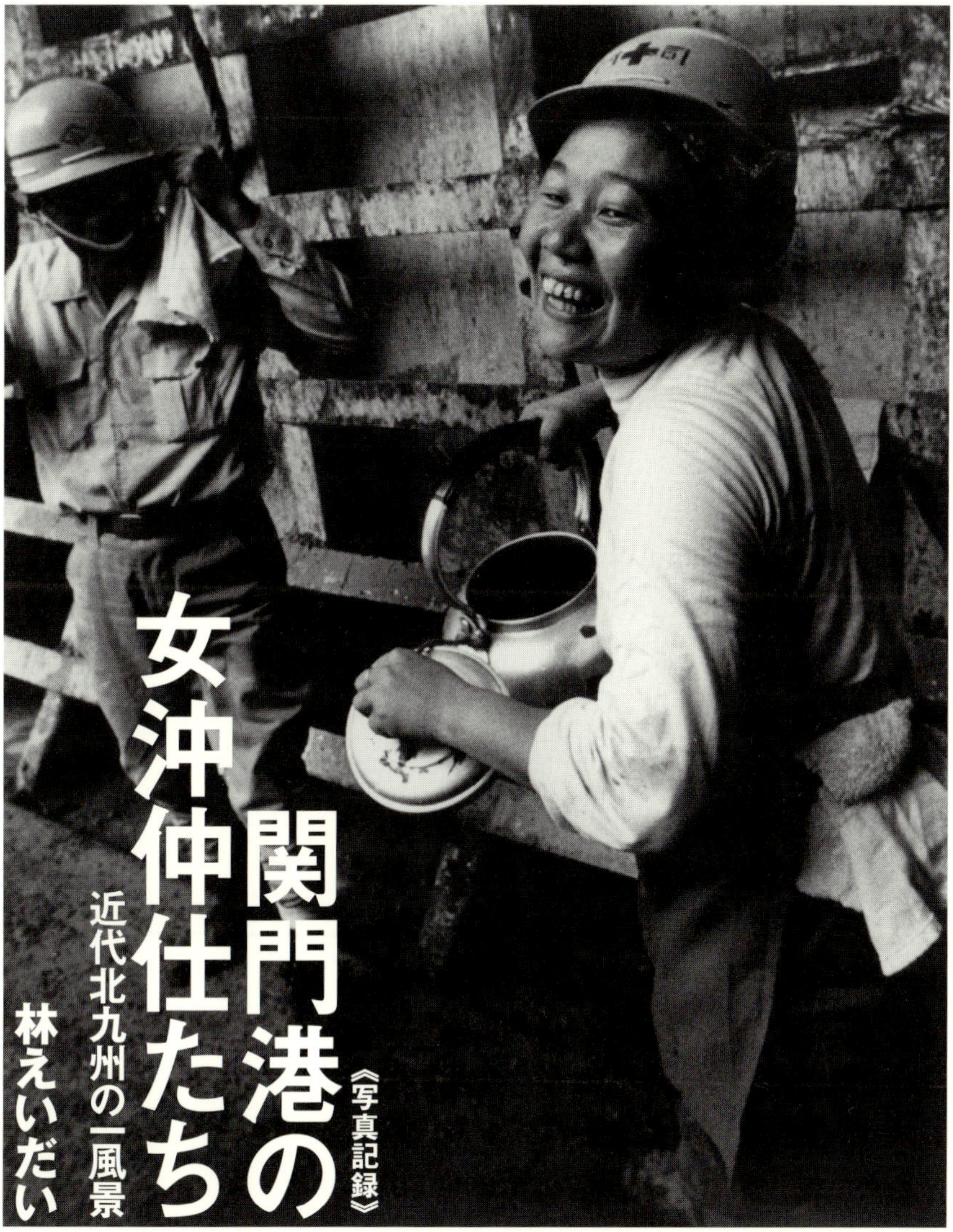

《写真記録》

関門港の女沖仲仕たち

近代北九州の一風景

林えいだい

新評論

【刊行によせて】

モノクロームの記憶

映画『抗い　記録作家　林えいだい』監督

西嶋真司

写真は全て白黒で撮られている。そこには著者・林えいだいの強いこだわりがあった。

「モノクロが放つ光と影、陽と陰にはものすごい迫力がある。このお婆ちゃんの人生の重さが写し出される。これをカラーで撮っていたら、あんな迫力は出なかったと思う。モノクロで撮って良かった」

幾重にも刻まれた皺の深さが、女性たちの壮絶な人生を物語る。だが、どの写真をみても悲痛な印象はない。笑った顔。あっけらかんとカメラを見つめる顔。海峡に生きる女たちの生き生きとした表情が、モノクロームの世界に切り取られている。

「金もかかるし、時間もかかる」という林えいだいの言葉に、記録作家としての気骨を感じた。長時間におよぶ労働の現場に通い詰め、じっくりと女性たちの話を聞いた。相手が心を開いた後におもむろにカメラを向けると、風格のある「女ごんぞう」たちの素顔がファインダー越しにみえてくる。シャッターの音とともに、戦中戦後の混乱を生き抜き、日本の繁栄を支えた彼女たちの一瞬の時間が止まる。

「初めは驚いて見ていましたけど、中に入ってみると非常に優しい母親であり、女性ですね。命を張った仕事だからこそ相手への気配りも人一倍で、いったん打ち解けると仕事帰りによく角打ちに誘われた。カウンターに座って店の主人に『焼酎一杯。この人にも一杯注いで』。コップに入った焼酎が出ると、主人が手のひらに塩を置いてくれる。これを口に投げ込んで焼酎を一気に飲むんですよ。僕が啞然としていたら、『なんか男のくせに。焼酎一杯くらい飲め』って言われてね」

林えいだいの著書には、炭鉱や港で働く女性が度々登場する。明治から大正、昭和にかけて、「富国強兵」の名のもとに、女性は男性にひけを取らない働き手だった。

「男の炭鉱夫と女の炭鉱夫を比べたら、明らかに差別があるんですよ。女性の方が賃金が低い。それでも愛する夫や子どものために坑内に入って働く。その心意気というのか、男なんか問題にせんぞという強いエネルギーに圧倒されましてね」

豪胆で気性の激しい女性たちが、重労働に耐えながらも周囲を思いやる姿が目に焼き付いているという。死と隣り合わせの危険な現場に生きる者たちは固い絆で結ばれる。仲間のために身を張ってひるまないその姿は美しい。

大勢の女性たちが私服のまま職業安定所のテーブルを囲む写真がある（一四二頁）。それは「女ごんぞう」の時代が終わろうとすることを告げている。林えいだいが彼女たちを撮影した一九七〇年代、関門港は機械化が進み、女性たちは次々と職を追われた。『海峡の女たち――関門港沖仲仕の社会史』（林えいだい著、葦書房、一九八三年）が出版された五年後の一九八八年には、日雇い労働者の荷役などを禁じた港湾労働法が制定され、「女ごんぞう」の長い歴史に幕が降りる。

「写真」は真を写す。記録作家・林えいだいは、歴史の闇に消えてしまいそうな真実を写し続けた。今では「女ごんぞう」の姿を見ることができないが、彼女たちが生きた時間はモノクロームの写真で記憶される。逞しく優しい女性たちの瞳の先に、カメラを構えた林えいだいがいる。

《写真記録》

関門港の女沖仲仕たち

近代北九州の一風景

福岡県北九州市門司区、関門海峡を望む港に、
かつて「女沖仲仕《おきなかし》」「女ごんぞう」と呼ばれる女性の荷役労働者たちがいた。
筑豊炭田と北九州工業地帯の繁栄、ひいては戦後の高度経済成長を下支えした彼女らは、
エネルギー転換と技術の進展にともない、やがてうちすてられていく。
港はもう彼女たちを呼んではいない。
だが、港湾労働の職業意識に徹した誇りと自負、
苛酷な作業に耐えるたくましさと開放的な笑顔を、私たちは決して忘れない。

もくじ

＊本編のテクストの一部は林えいだい『海峡の女たち——関門港沖仲仕の社会史』（葦書房、一九八三年）からの抜粋（一部修正）です。写真は、特に断りのない場合、すべて筆者が一九七五年から八〇年代にかけて撮影したものです。

＊「沖仲仕」や「ごんぞう」という言葉は、現在では差別表現とみなされる場合がありますが、本書では歴史的呼称として用いています。ご理解いただけますようお願い申し上げます。〔編集部〕

はじめに

門司港駅を降りると、どこからともなく磯の香りが漂ってくる。桟橋通りから海岸へ向かうと、関門海峡の潮騒が聞こえ、波間に白い波しぶきが跳ねるのが見える。エキゾチックな街並みにはまだ夏の名残りが感じられる。赤レンガ造りの建物に朝の陽ざしがやわらかくあたり、人通りはまばらだ。

昭和五十年（一九七五年）九月のある朝、私は久方ぶりに門司を訪れた。第一船溜《ふなだまり》に並ぶ艀《はしけ》は、かつてはすべてドンコと呼ばれる木造船であったが、今はほとんど鉄船になって、港には船世帯の女房や子どもの姿もない。ひしめき合っていた艀の数は十分の一に減って、昔のような活気はない。

魚市場を通り過ぎると、突然、はなやいだ一団に出くわした。黄色いヘルメットを被り、地下足袋をはき、作業衣で身を固めていた。スコップを片手に、一見して男のような姿をしているが、化粧の匂いと話し声であきらかに女であることがわかった。私は立ち止まって、彼女たちの姿をカメラで撮ろうとした。

「にいちゃん、わしたちは見せものじゃなか。ごゝゝんぞうちいうて馬鹿にしなさんな」

五十がらみの太った女が近づいてくるなり、私の肩をバシッと叩いた。

「あっ、痛っ」と、思わず叫んで後ずさりした。

「今の男はかよわいで、つまらんのう。あれをぶら下げとるとか！」と、その女は言った。彼女たちはゲラゲラ笑いながら、岸壁のサンパン（平底の小型木造船）に乗り移った。私はあっけにとられて、そのうしろ姿を見送った。

これが、関門港で働く女沖仲仕《おきなかし》、通称「女ごんぞう」と呼ばれる人たちとの最初の出会いだった。*

＊北九州港とその対岸の下関港をあわせて「関門港」と呼ぶ。本書で扱うのは北九州側の話題だが、港湾としては「関門港」と表記する（「解説」一五一頁注1参照）。

仲仕とは、さまざまな荷を船から陸へ、陸から船へと荷揚げ・荷下ろしする仕事である。港湾で荷役に就く者を仲仕、海上（船内）で働く者を沖仲仕という。これらをいやしい仕事とみなす向きがあり、「仲仕」も「ごんぞう」も蔑称として使われることがある。だが、これは港と沖の仕事を理解していない者の考えることだ。少しでも彼女らを知れば、そのような見方ができるはずもない。

昔から「浜《ハマ》と炭鉱《ヤマ》は朝が早い」と言われる。職業安定所での日雇労働者への斡旋は、午前七時二十分から始まる。登録された者には、輪番制で各社（港湾運送会社や荷役請負業者）のチケットが渡される。一日の仕事の始まりは職安にありと言われるように、ここで割り当てがないとその日はアブレることになる。職を求める男女の港湾労働者の群れと、名前を呼び上げるスピーカーの音が入り乱れて騒々しい。

八時には、ポンと呼ばれる通船《かいせん》（港から荷役が行われる本船まで人や道具を運ぶ船）が、労働者たちを乗せて沖の本船めがけて一斉に離岸する。本船に乗り込むと、船底の広大なダンブル（貨物置き場）で重労働が始まる。石炭や小麦をスコップでモッコと呼ばれる網（満杯になると甲板までモッコごと引き揚げる）に移す入鍬《いれくわ》、小麦などの袋が破けるとすばやく繕う針《はりや》など、その手さばき、体さばきは見事としか言いようがない。

関門港の「ごんぞう」が全国的に有名になったのは、火野葦平の新聞小説『花と龍』（一九五二〜五三年、『読売新聞』に連載）によるところが大きい。明治中期から太平洋戦争後の北九州を舞台に、仲仕とその家族の一代記を描いたこの小説は人気を博し、映画やテレビドラマにもなった。四国の愛媛から志を抱いて海を渡った主人公の玉井金五郎と、兄を頼って広島から出てきた娘マンの、若き日のロマンスの舞台となったのが関門港であった。

明治期から続く人力による港湾荷役も、機械の導入で大きく様変わりした。港で働く労働者たちの中に、『花と龍』の時代の姿を見いだすことは困難である。日雇労働の登録制が始まり、全港湾労働組合が労働者を組織するようになると、暴力が支配したかつての港の暗いイメージは払拭されていった。他の港湾に見られる「立ちんぼ」のように、暴力団が介入する余地も全くない。だが、関門港の荷役作業は、依然として日雇労働者によって支えられているのが現実である。

昭和五十八年（一九八三年）現在、女が集団で荷役作業に従事している港は、全国でただ一つ、ここ関門港だけである。何故関門港だけに女が残ったのか、不思議に思う人が多い。昔はどこの港湾でも女たちの姿は見られたのだが、いずれもきわめて人数が少なく、関門港のように最大六百人も集団で働いたことはない。十数年前（一九六六年）、フランスの作家サルトルとボーヴォワール

小柄な女沖仲仕たちの仕事ぶりに驚くボーヴォワール（手前右）
（朝吹登水子『サルトル，ボーヴォワールとの28日間・日本』同朋舎出版，1995年より）

が来日した折、関門港に足を伸ばした。男に混じって重労働をする女沖仲仕の姿を見て、二人は「世界的にも稀なことだ」と非常に驚いたという。*

＊〔編集部注〕関門港の女沖仲仕の存在に感銘を受けた外国人はほかにもいた。日本の女性教育と知的障害者教育に尽力した石井筆子（一八六一〜一九四四）と交流のあったデンマーク女性ヨハンネ・ミュンターは、一八九五年に門司を訪れた際、石炭荷役に従事する女たちを目にし、その感動を回想記に記している（長島要一『明治の国際人・石井筆子』新評論、二〇一四年）。

これには歴史的背景がある。明治二十年（一八八七年）以後、石炭の積み出し港として、さらには船舶燃料の焚料炭《バンカー》を積み込むための寄港地として栄えてきた門司の長い歴史である。これら積み出し・積み込みの荷役に女沖仲仕が必要とされたのであり、それがこんにちまで引き継がれてきたのだ。

石炭船や旅客船など、欧州航路の大型船が次々と

上：明治から大正にかけて，関門港にはつねに石炭船がひしめきあっていた
下：鎮西橋下の第一船溜は，港で働く仲仕たちとその家族の生活の場でもあった
（門司図書館提供）

入港すると、二オールナイ、三オールナイという恐るべき長時間労働が行われた。「オールナイ」、つまりオールナイトといっても、単なる徹夜ではすまされない。一つ終わると次の船、さらに別の船へと、満足な休憩もとらず、六十数時間ぶっ続けで働くこともあった。これほど苛酷な連続労働に耐えてきた彼女たちの話を聞くと、残酷さを通り越して人間業ではないような気がしてくる。

だが、そうした長時間労働も徐々に減っていった。四十数年間、関門港で荷役に従事してきた戦前からの女沖仲仕たちは、「昔は地獄、今は極楽」と語る。その口調に悲惨さは感じられない。むしろ港で男と対等に働いてきたことを誇りに思っているようだ。顔に刻まれた深いしわの中に、そしてたくましい腕に、女の生きざまを見る思いがする。女坑夫や女工と同じように、彼女たちは「板子一枚下は地獄」といわれる魔の海峡で、身を削って生きてきたのだ。

本来、港湾荷役という重労働は、女がする仕事ではないと言われている。関門港独特の「天狗取り」という石炭荷役（「手繰り」が訛って「天狗取り」になったと言われる）や、鉄鉱石等を網に移す「モッコ取り」などの重労働は、男の沖仲仕でも耐えがたいほどの苦痛をともなう。しかも関門海峡の潮流は激しく、時化《しけ》の日の荷役は命が縮まる重いがするという。重労働の上に危険このうえない職場である。どれだけの人たちが命を落としたことか。彼女たちの気性の荒さも口の悪さも、現場のきびしい労働からにじみ出たものであろう。たくましくならざるをえない労働の状況があったのである。港には、こんなごんぞう歌が残っている。

門司のゴンゾが人間ならば

上：欧州航路の大型船がひきもきらず寄港し，一艘につき700～800トンの焚料炭を積み込んでゆく。両舷に艀を横づけして梯子をかけ，そこに沖仲仕たちがずらりと並んで，バイスケ（バスケットが訛ったもの）と呼ばれる竹籠に石炭を入れ，バケツリレーで甲板まで運ぶ。これが門司名物「天狗取り」である。艀の上でバイスケに石炭をくりいれるのは女の仕事だった（永木睦文氏提供）
下：欧州航路の乗客に人気のあった門司の遊郭街（門司図書館提供）

蝶々トンボも鳥のうち

「船とごんぞうが喧嘩して、それを人間が止めた」などと言われたこともある。酒と女、賭博と喧嘩は、関門港の仲仕を象徴するものであった。門司は流れ者や渡り仲仕が多く、これら港の荒くれ者たちにとっては、「力」こそが生きる上での最大の武器であった。彼女たちは、こうした男たちと対等に港の荷役をしてきたのである。

戦時中、仲仕たちが召集され、労働力の不足を補うため、捕虜や中国人、朝鮮人が投入されたが、とりわけ女沖仲仕の活躍はめざましかった。

米軍機が投下していった機雷は四千九百五十個にのぼり、関門海峡は完全に海上封鎖されてしまった。敗戦後、機雷の掃海が終わり、昭和二十四年（一九四九年）一月に関門港の安全宣言が出されると、やっと外国船や国内船の本格的な入港が始まった。

生活苦にあえいでいた北九州市民は、仕事を求めてどっと港に集まってきた。女沖仲仕は三百人を超え、関門港に活気が戻った。

このころには、親子二代、三代と港に命を賭けて働いてきた生粋の女ごんぞうはほとんど姿を消し、生活のために沖の仕事を始めた素人の婦人が多くなった。「奥さん沖仲仕」の誕生である。彼女たちの多くが引揚者であり、戦争未亡人であり、戦争被災者であった。仲間どうし呼び合うのに「俺、お前」で通してきたものが、「奥さん、奥さん」になり、戦前とはずいぶん雰囲気が違ってきた。だが、その大部分は港湾労働の激しさに耐えきれず、一人、また一人と辞めていった。それでも辞めずに残ったのが、現在働いている彼女たちである。

関門港が明治以来の石炭積み出し港、焚料炭積み込み港から姿を変え始めたのは朝鮮戦争後である。荷揚げする焚料炭の量が、一カ月十万トン以上あったものが、昭和二十七年には三万トン、二十九年には一万トンを割るようになった。これと対照的に、皮肉にも外国炭の輸入が増えた。

昭和三十年（一九五五年）以後、石炭から重油へと「エネルギー革命」の波が恐るべき勢いで広がり、筑豊の炭鉱山《ヤマ》が次々と閉山してゆく。炭の堆積が絶えることのなかった葛葉の貯炭場からいつのまにか石炭が消え、名物の「天狗取り」荷役もすっかり影をひそめた。

高度成長期になると、関門港では石炭に代わって鉄鉱石、セメント、小麦や砂糖などの食糧、肥料原料、雑貨などの荷役が増大した。筑豊の石炭とともに発展してきた港が、一つの大きな転換期を迎えたのである。

昭和四十一年（一九六六年）に港湾労働法が施行されると、日雇労働は登録制となり、労働者は仕事を求めて職業安定所に日参するようになった。日雇労働者を苦しめてきた直行制度（常雇いの下に「直《じき》」と呼ばれる存在が置かれ、なかば運送会社や荷役請負業者に専属するかたちで、雇用の調整弁として便利に使われた）や、女子の深夜労働が廃止された。荷役作業も近代化され、設備の機械化が急速に進んだ。四十年代後半になると、艀ごとハッチに積み込み、沖で下ろすラッシュ船なるものがアメリカから入港するようになり、港湾関係者は肝を潰した。それは関門港にとって革命的な出来事であった。やがて田野浦や太刀浦の埠頭に大型のコンテナ基地が建設されるに至ると、

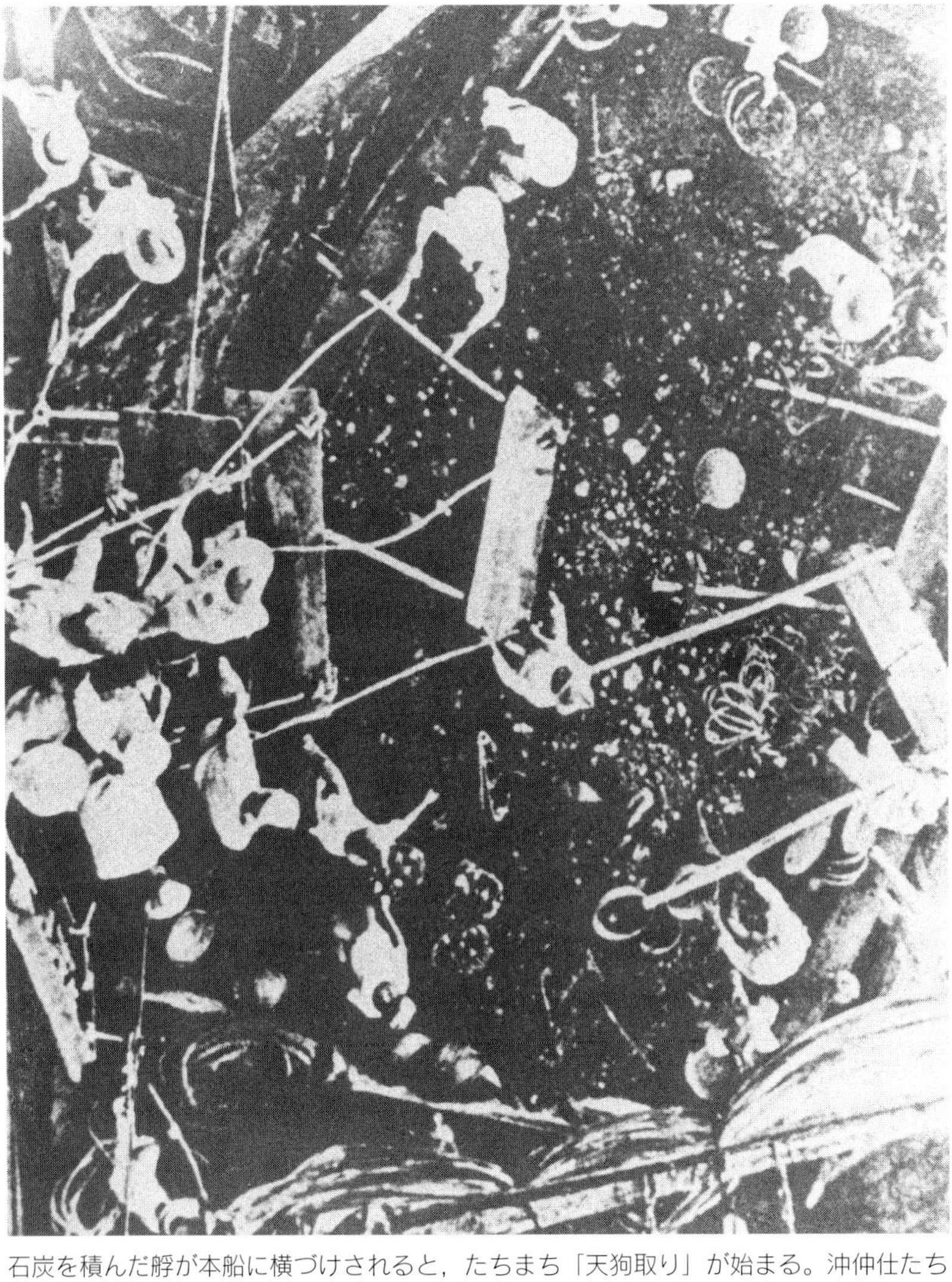

石炭を積んだ艀が本船に横づけされると，たちまち「天狗取り」が始まる。沖仲仕たちは26，7人でひと組をなし（この単位を「口」＝ギャングと呼んだ），船の両舷に数口がとりついて天狗取りをする。明治期は一口に5〜6人の女沖仲仕がいたという（門司図書館提供）

本船から艀へ、艀から本船へと人力で荷を積み込み、積み出した沖仲仕本来の仕事が、日に日になくなっていった。

昭和四十八年（一九七三年）、女子労働者の第一次クビ切りが始まった。第二次、第三次と切り捨てが続いた。男以上に働き、日本の経済を支えてきた彼女たちはいま、国、行政、企業の手で冷たく棄てさられようとしている。

現在、残っているのは三十七人。それも五十歳以上の高齢者が圧倒的に多い。彼女たちは口々に言う、「俺たちの退職金はケガと神経痛だ」と。ほぼ全員が、一度は命にかかわる大事故を経験している。「よくも今まで死なななかったものだ。五十を過ぎるとあちこちガタが来て、いまやポンコツだ」と、深い溜息をつく。沖仲仕病とさえ言われる神経痛と高血圧に、これから先も泣かされる。高齢の彼女たちに、港の仕事を辞めたあと、どんな職があるというのだろうか。再就職の道は特別にきびしいはず。仕事にアブレて港を見る目は淋しそうだ。

「ああ、もう一度だけでいい、ぶっ倒れるまでバンカーの天狗取りをしたいのう」

一人が大声で叫んだが、その声はむなしく波間に消えた。港は、もう彼女たちを呼んではいないのである。

［初出］林えいだい『海峡の女たち——関門港沖仲仕の社会史』葦書房、一九八三年（同書「はじめに」を加筆転載）

港の朝

長きにわたる労働者たちの闘争が実り，昭和41年（1966年），ついに港湾労働法が施行された。これに伴い，労働者は常雇も日雇も登録制となり，仕事にアブレた日はアブレ賃を支給されることになった。「オールナイ」や「追い通し」など，非人間的な長時間労働も廃止された。行政は登録制の実施と同時に，日雇の女たちを切り捨てようとした。しかし，黙って引き下がる女たちではなかった。結局，このときは女も男同様に登録された。

往事ほどではないにせよ，職業安定所前にはいまも早朝から仕事を求める人々の列ができる。

鎮西橋近くの第一船溜で，通船《かいせん》の出港を待つ沖仲仕たち

出勤する時はハイヒール。職安の更衣室でもんぺと地下足袋に着替え，ヘルメットを被る ▶

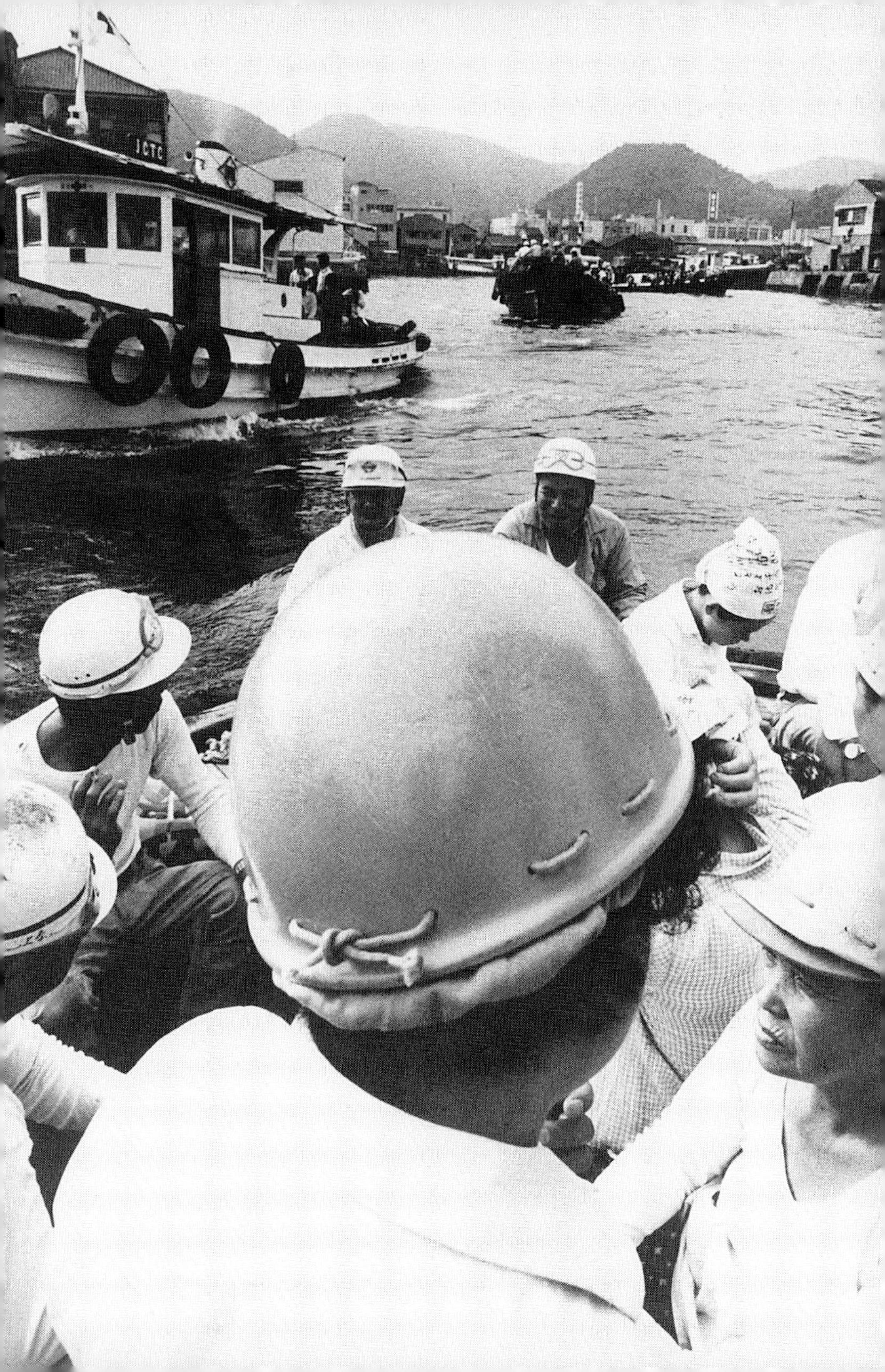
JCTC

昔は手漕ぎの伝馬船《てんません》で本船まで行ったが，現在は通船で10分ほどで到着する。本船も重油燃料を使うから，かつて沖にひしめいていた石炭燃料の貨物船の姿は今はない

現在では本船での荷役開始時刻が決められているから，最後の通船が着くまで荷役は始まらない。だが昔は早い者勝ち。どの通船も先を争って本船を目指した

本船へと向かうこの時が，女たちがいちばん緊張する時間だ ▶

関門海峡の潮の流れは非常に速く，船から落ちて溺死した者の遺体が長崎や四国で見つかることもあった

今日は比較的穏やかだが，台風でも来れば関門海峡の海上は荒れに荒れる。通船から架け渡さ▶
れた短いジャコップ（縄梯子）を登るのも命がけだ

昭和三十四年（一九五九年）、入鍬《いれくわ》の一人が、本船にかけたジャコップ（縄梯子）を登っている最中に海に落ちて溺死した。熟練者は右手でロープをにぎり、左手で踏み板をつかんで登る。しかし慣れない者は恐怖心から、両手で踏み板をつかまずにいられない。かえって前後左右に大きく揺れ、梯子がよじれてひっくりかえり、両手を離してしまった。潜水夫を入れて捜索したが、遺体が揚がらないまま数か月が過ぎた。その後、本船が修理のため彦島の造船所のドックに入ると、スクリューを保護する金網に引っかかった遺体が見つかった。白骨に着物の残骸だけがまとわりついていたという。

◀針《はりや》は港湾作業の裏方である。荷や道具の破損箇所を繕うだけでなく，お茶や水の用意までする

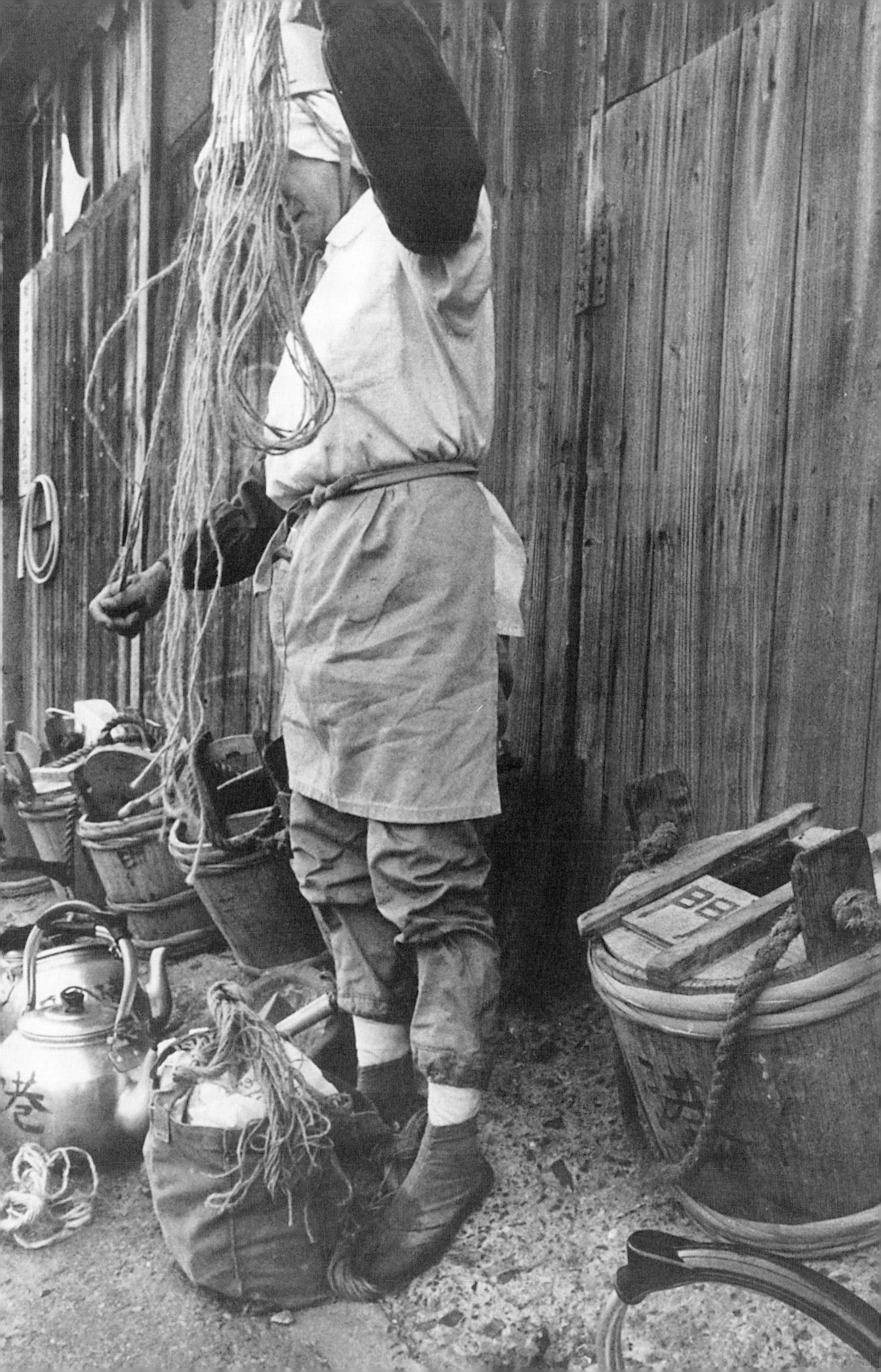

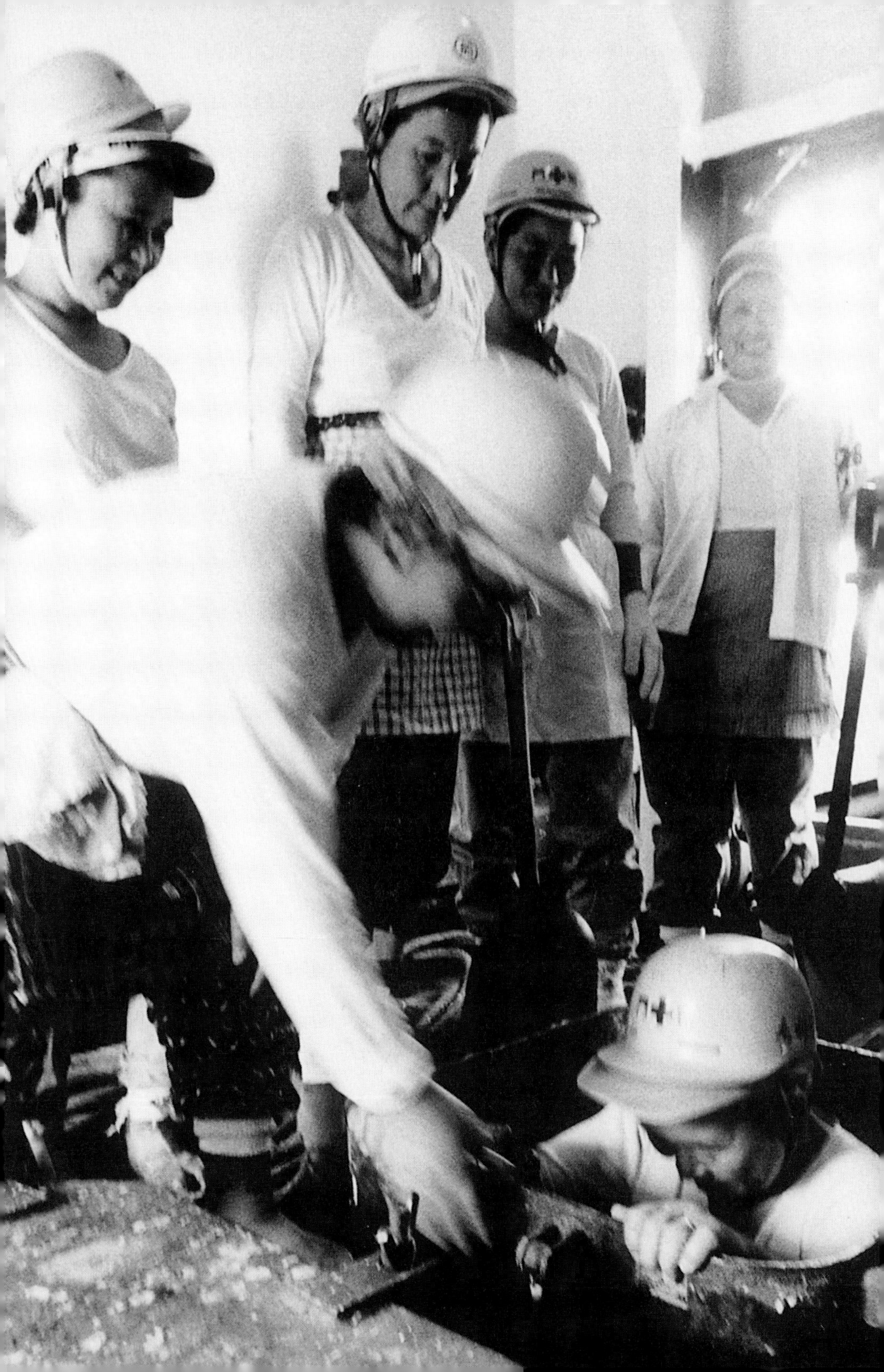

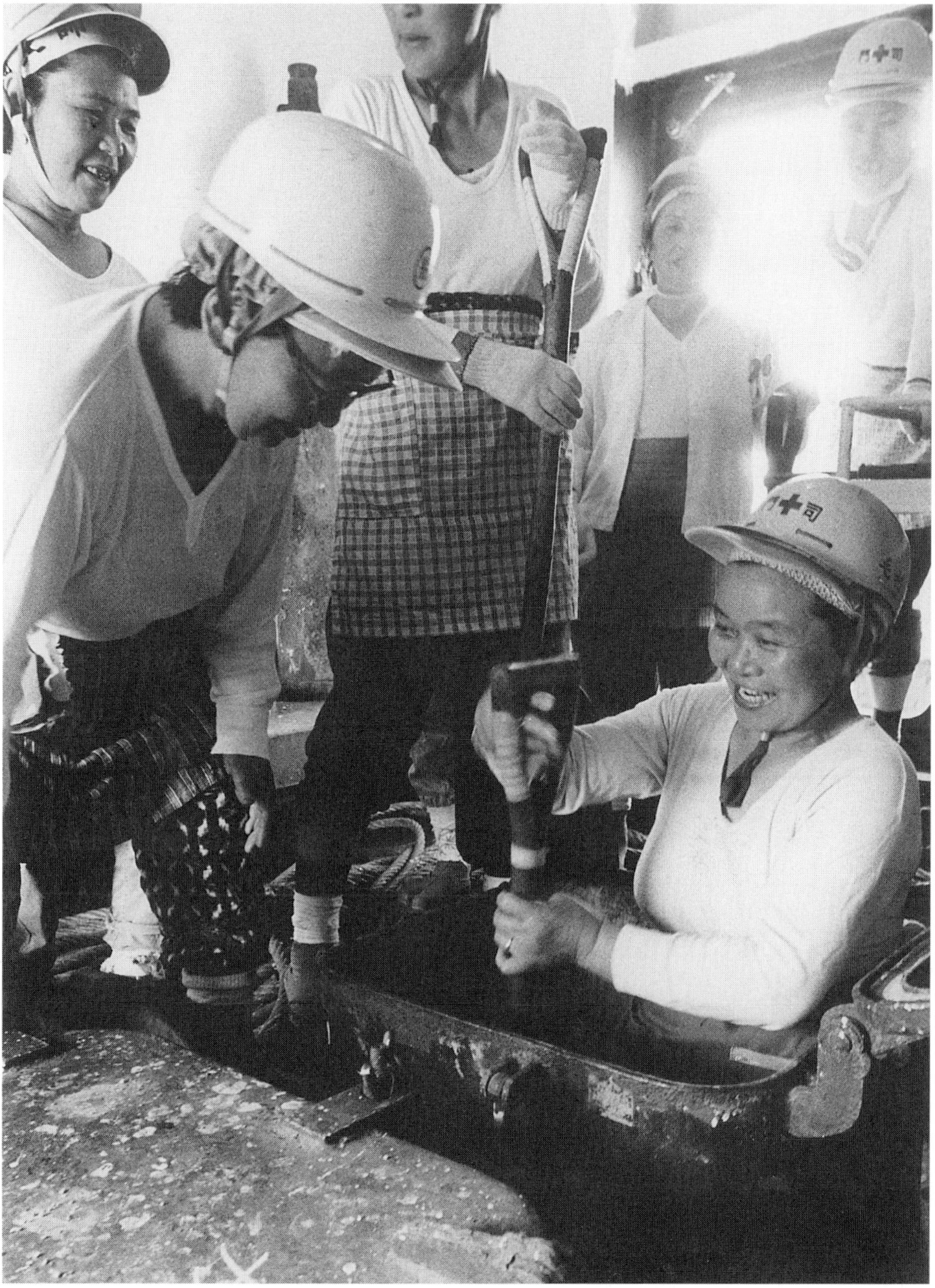

仕事道具のスコップを忘れずに！

本船に着いて甲板のハッチを開ける。船底のダンブル（貨物置き場）まで40メートル ▶
以上もある。下を見ると足が動かなくなるから，上だけを見つめて降りる

日雇港湾労働者のことを、関東では「ハマの風太郎《ぷうたろう》」、阪神では「ミナトのアンコ」、北海道では「ゴモ」、そして北九州（門司・若松）では「ゴンゾ」ないし「ごんぞう」と呼んだ。

この呼称がいつから始まったのか、はっきりした記録はない。土地の古老の伝えるところでは、明治二四年（一八九一年）、石炭荷役請負業者の自念組が、日本郵船の荷役を請け負った時にさかのぼる。このとき、組が神戸から連れてきた沖仲仕たちのなかに、権蔵《ごんぞう》という若者がいた。たいそうな力持ちで、荷役の技術も抜きんでていた。色白の美男子で、しかも任侠心に富んでいたので、たちまち若い娘たちの憧れの的になった。組の親方である自念金蔵は、なにかにつけて「権蔵を見習え」と言った。ところが権蔵は若くして肺結核で亡くなってしまう。その死を悼み、門司では「ごんぞう」の名を、沖仲仕の代名詞として用いるようになったという。

沖の荷役

通船も本船も，関門海峡の速い潮に大きく揺れる。そのうえ雨でも降れば，ジャコップ（縄梯子）のロープを握る手が滑ってはなはだ危険だ。落ちたら最後，よほど海が穏やかでなければ助けてはもらえない。救助する側も命にかかわるからだ。荷役自体も危険を伴うが，仕事場に向かうところから，彼女たちの命がけの仕事は始まっている。

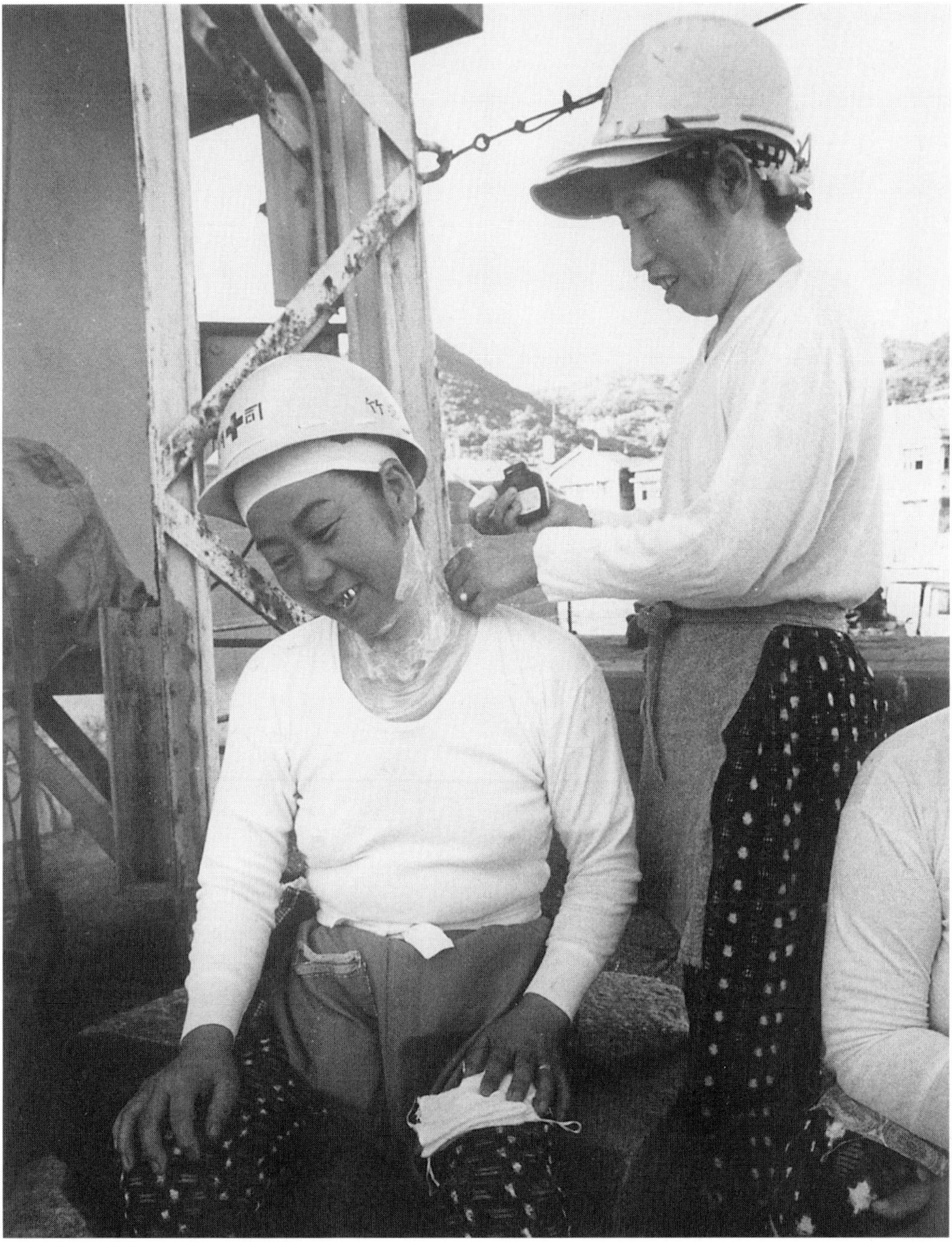

小麦の荷役をすると，小さなトゲが毛穴という毛穴に突き刺さる。肥料用の塩化カリウムや鳥糞石（グアノ），ピッチコークスなどは，触れるだけで体に良くない。これらをできるだけ除けるため，作業に入る前に練りおしろいを肌に塗りつける。これを怠ると数日間地獄を味わう。体じゅう痛かったり，中毒症状を呈して眠れない

沖仲仕たちを先に登らせてから，道具類をモッコと呼ばれる網状の運搬用具で引き揚げる ▶

小麦の荷役はアリ地獄と恐れられた。ブルドーザーなどの機械が導入されても，触れるそばから崩れる性質は変えられない。一瞬でも油断すれば大量の小麦に埋まって窒息してしまう

初心者は甲板からダンブルへ続く高い梯子を見て怖じ気づき，一段一段ゆっくりと登り降りする。だが次第に慣れて，すっすっと行けるようになる ▶

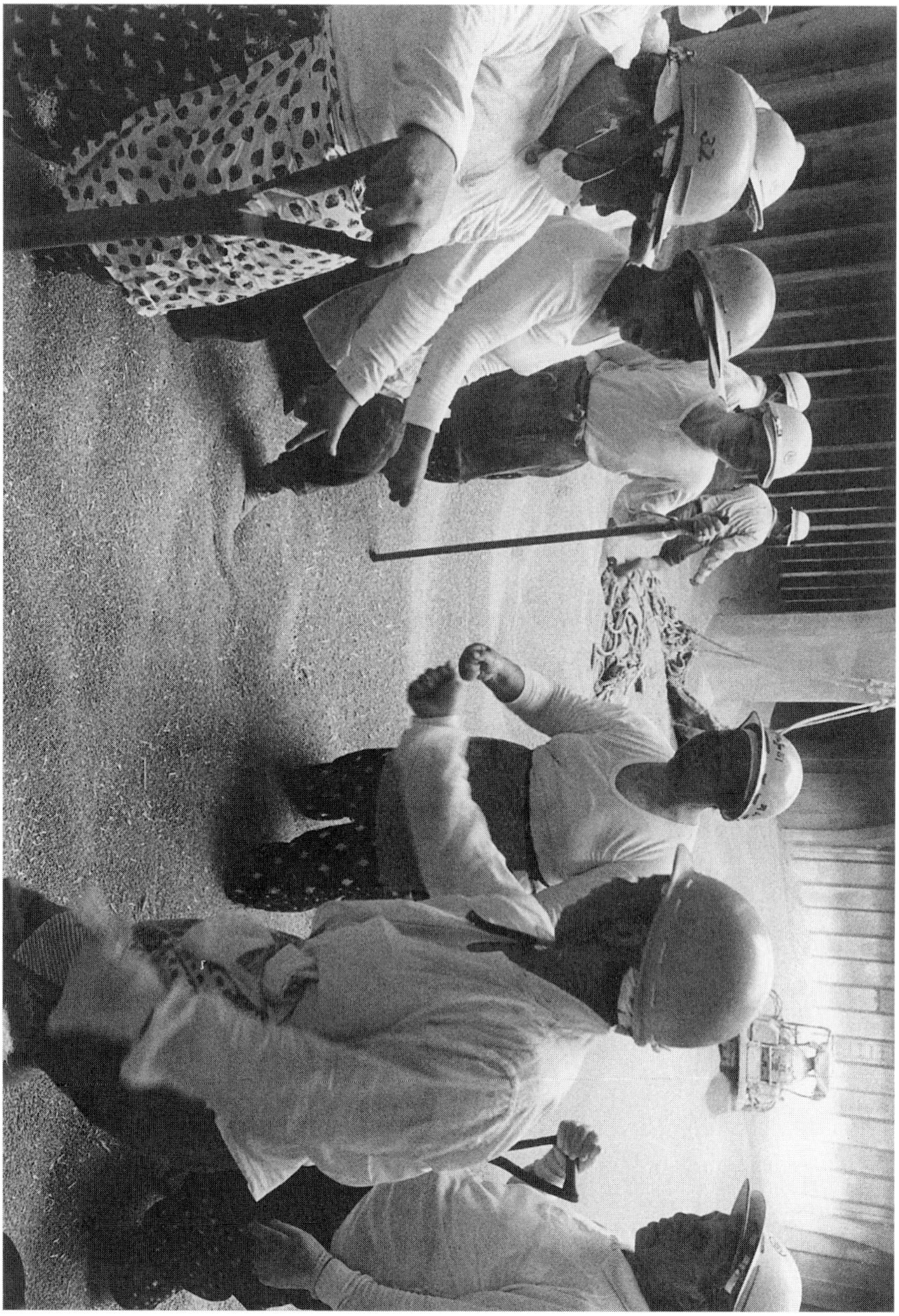

ダンブルの中で一箇所だけ，ずっと日陰になる場所がある。揺れる船の底でどうやってその場所がわかるのか，不思議に思い尋ねても，「沖仲仕の勘たい」とはぐらかされた。昔は日陰を取り合って喧嘩することもあったそうだが，今はジャンケンで決める

◀上：輸送中にネズミにかじられたり，クレーンで吊り上げた時に引っかかって荷の袋が破けることがある。するとすかさず針《はりや》が飛びついて穴をふさぐ

◀下：針本来の仕事は減ったが，作業後のモッコの修繕，こぼれた荷の片づけなど雑用は多い

沖仲仕の花形は、なんといってもスコップや雁爪《がんづめ》で荷をすくい入れる入鍬《いれくわ》であろう。しかし、その陰に隠れて地味ではあるが、針《はりや》の存在を忘れることはできない。作業中に小麦や砂糖の袋が破れれば、すばやく飛びついて穴を繕う。作業前は飲み水を用意し、荷役後はダンブル中にこぼれた小麦だの鉱石の破片だのを掃き集めて処理する……要するに、男たちや入鍬のやらない雑務を一手に引き受けねばならない。入鍬に比べて賃金も低い。だが、仕事が楽で安全なわけではない。ダンブルの掃除をしていた針がウインチに当たって骨盤を折るなど、大変なけがをすることもある。こまねずみのように積荷の間を駆けめぐる彼女たちもまた、沖の仕事に欠かせぬ一員だ。

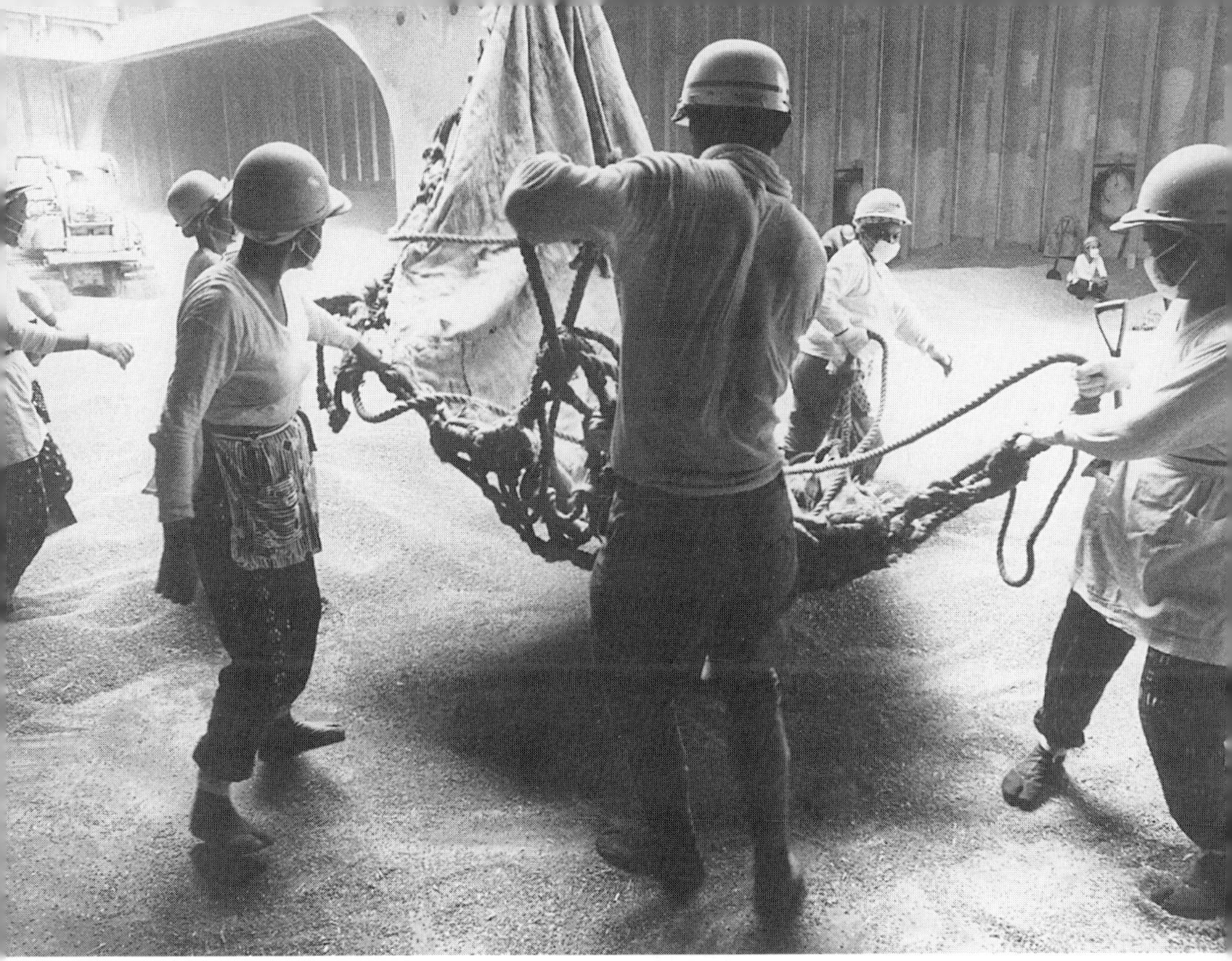

クレーンが降りてきた。先端についたモッコを広げ，スコップですくった小麦をどんどん入れていく

小麦でいっぱいになったモッコを艀に落とすと，ものすごい粉塵が舞い上がる。運搬中に発火する危険を避けるため，強い薬品が混入されていることもあり，沖仲仕や艀の船頭でその薬害に苦しんだ者もいる

スコップですくい上げてはモッコに入れる，そのくりかえし。じりじりと少しずつ前進しながらすくうのがコツだ。モッコが満杯になると笛が鳴り，クレーンがモッコを引き揚げていく。その数分間だけ，女たちは手を休めることができる

16

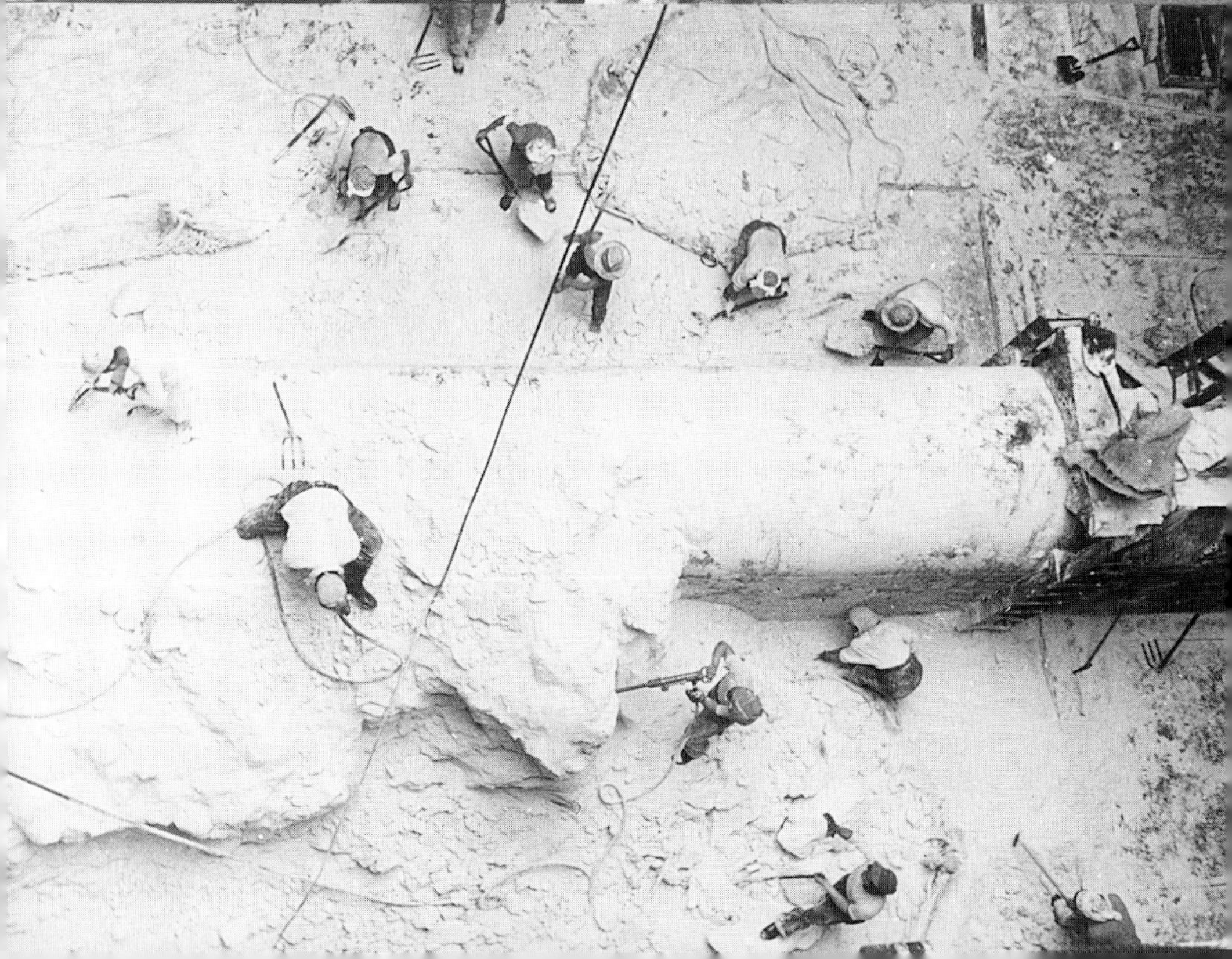

欧州航路の大型船は、踏み板が八段も十段もあって、上がるだけでも体がよろめいて目が回りそうでした。陸仲仕をしてたから、何とかなると思っとったけど、おなじ入鍬でも沖では仕事の要領がぜんぜん違う。要領を呑み込むまでがひと苦労よ。えーい、わしもごんぞうの娘や、やれんことがあるものか、と思って必死でやるけど、オールナイになるともう参ってしまって、この世にこんなつらい仕事があるものかと後悔しました。だけど、沖に出とるから帰るわけにもいかん。泣きべそかいて町の灯を見とった。もう今日かぎり辞めて陸仲仕にもどろうかとも思ったが、ふしぎなことに面着《めんちゃく》〔職安で勤務終了を報告し、賃金を受け取ること〕で銭をもらうと、明日も沖で働こうという気持ちになってね。

上：ソ連の貨物船が肥料の原料となる鳥糞石（グアノ）を運んできた。岸壁のホッパー（漏斗▶
型の貯蔵槽）に移される
下：本船の大艫《おおども》（中央の出っぱりはスクリューの一部）にこびりついた鳥糞石をピックで砕く。▶
とても困難な作業の一つである

荷役は要領もだいじだが，つきつめればやはり力仕事。子どもの腿ほどもあるたくましい腕に思わず見とれる。「箸より重いものは持ったことがない」ではとても務まらない

塩化カリウム（通称「カリ」）や鳥糞石など，肥料原料に苦しめられた沖仲仕は多い。好天ならダンブル▶の中は灼けるような暑さとなり，じっとしていてさえ汗をかく。これに原料が付着して炎症を起こす。目に入ればひどく充血し，激痛で開けていられない。全身の皮膚が炎症を起こしたまま風呂に入れば，その晩は痛みで眠れない。「仕事の選り好みはできんが，カリだけは嫌だった」という沖仲仕も少なくない

船内の荷役は機械化で効率が上がった。だがそのぶん，沖仲仕の仕事を奪うことにもなっている。とはいえ，門司の入鍬たちはいまだ健在。鉄鉱石の荷役に使うスコップは普通の倍の大きさだ。腰を低くし，上体をひねるようにして背後へと掻き出す

門司では長らく、「けがと弁当は仲仕持ち」と言われた。人力に頼っていた時代は、事故があってもあるていど軽傷ですんでいた。ところが、日中戦争前後にウインチが導入され、荷役設備が機械化され始めると、死ぬか重傷かどちらかというほど、命取りになりかねないものになった。

戦後は労働基準法が施行され、労災にも厳しい目が向けられるようになったが、関門港では昔の納屋制度の封建的な因習が根強く、「けがぐらいで休むなんて」という雰囲気が濃く残っていた。高齢の元女沖仲仕はこう語る。

「沖の仕事じゃ、けがなんてしょっちゅう。いちいち気にしとったら飯の食い上げですよ。たとえけがしても内緒にしとかんと、会社の点数が下がる。命にかかわるようなけがをしても黙って働く女が、会社にはいちばんウケがよかった。けがしたなんて会社に申告すれば、『おまえは技術がない、不注意だ』と言われておしまいよ。

夜中に鉄鉱石の荷役をしてた時、こぶしほどもある石が頭に落ちてきて、血まみれになった。でもけがしたとは言えない。便所に行くふりをして甲板に上がり、海水で血を洗って作業に戻った。ふと見まわすと、二、三人、おなじようにけがをしてる。それでもみんな、黙々とスコップを動かしてね。それを見てると、情けのうて、心臓が凍ってしまおうごとあった。会社への忠誠心と言えば聞こえはいいけど、生きるために会社の奴隷になり下がってしまったのよ」

ひと仕事すれば汗だくになるから，みなお茶や水をたくさん飲む。あまり飲むと小用が近くなるから敬遠する者も多いが，飲まなければ脱水症状を起こして危険だ。今日も針《はりや》が用意したやかんはあっというまに空になった

◀ ベテランは塩を少しなめて，水分は最低限しかとらない。がぶ飲みするとトイレが近くなるだけでなく，かえって脱水症状を起こしやすくなるという

HOYANG

15

キューバの船員。腰に差した山刀に一瞬ひるむ。さしもの女沖仲仕たちも，こうした異国の船員だけは怖がった。言葉も通じない，風俗習慣もいっさいわからないから，どうしても恐怖心が先んじてしまうのだろう

今日はキューバから着いた船の底で砂糖の荷役だ。隅っこに拳大の固まりを見つけて，美味しそうだったので手にとって食べた。それを見て女たちがけらけら笑う。「おまえ，それ食べたらいかん。みんなのオシッコで固まったんよ」。船の荷役ではいちいち甲板に上がってトイレに行ったりしない。数分でも抜ければ仲間に迷惑がかかるからだ。みなダンブルの隅で用を足すので，砂糖に小便がかかって固まったというわけだ

本船の深いダンブルから解放されて通船で海峡を渡ると，生き返ったように元気になる

昔はひとつの荷役が終わると，通船に飛び乗って次の船へ，それが終わればさらに次へ，とい▶
うことも珍しくなかった。近ごろはそういう転船仕事がめっきり減った

門司のゴンゾがヨー
人間なればヨー
蝶々トンボもナヨーョ
鳥のうち

わたしゃゴンゾでヨー
半纏育ちヨー
長い着物にゃナヨーョ
縁がない

――関門港に伝わる「ごんぞう歌」

本船から眺める関門海峡の風景は素晴らしい。それでも，港に船がひしめいていた昔をつい懐▶
かしく思い出す

元手はこの身ひとつ

「わしらは，力を売って金を稼いでる」——これが女沖仲仕の心意気だ。そして仕事を続けるには，一にも二にも体力である。もちろん，あらゆる危険を避ける勘や知恵，きつい荷役に耐える気力，要領よく仕事をこなす技能も不可欠で，そのすべてがつながっている。けれどもとにかく，第一はこの体。体を壊しては何もできない。まずはよく食べ，休むときはしっかり休み，健康を保つこと。身がすこやかなら頭もよく回転するし，気力も湧いてくるというものだ。

夏のダンブル内は「地獄窯」。船内荷役に不慣れで脱水状態を起こし，救急車で病院へ運ばれる者も出る

仕事が一段落ついて一服する針《はりや》。「ほんの数年前は，仕事中の休憩なんて考えられんかった」▶

ある日、私は本船のダンブル内で鉄鉱石のモッコ取りを見るうちに、あることに気づいた。四つのグループのうち一組だけ、一日じゅう日陰で作業していたのだ。他の三組は強い陽に照りつけられて汗だくになり、苦しそうに働いていた。

荷役が終わってサンパンに乗った時、六十代のベテラン沖仲仕にその話を振ってみた。彼女は笑いながらこう語った。「いちんちじゅう、直射日光の下で重労働するのは素人たい。ベテランになると絶対場所を選ぶ。日向と日陰じゃ、どっちが疲れるか、子どもでもわかることよ。日向じゃ、わしらでも二、三時間でくたくたになるし、体がもたんわ」

では、関門海峡の速い潮にあおられ、しじゅう腰を振る船の底で、どうやって一日じゅう陽の当たらない場所を選ぶのだろう?

「これはねえ、むずかしいのよ。沖仲仕の経験というか、勘たい。十年しても二十年してもこの勘がつかめずに、陽にあぶりつけられとる者もおるわ。この勘が働くようになってはじめて、一人前のごんぞうたい」

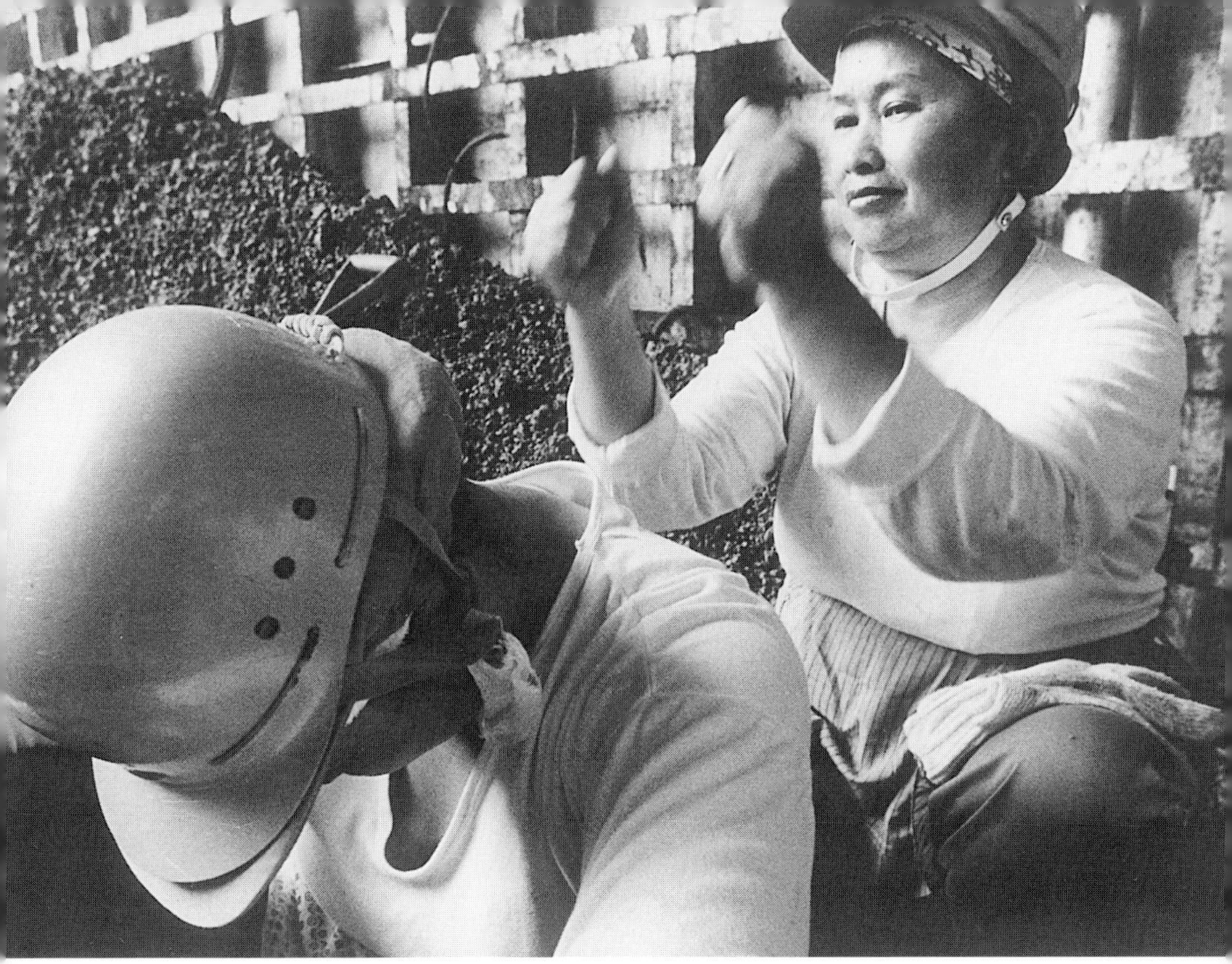

若いころと違って重い鉄鉱石が体にこたえる。休憩時間には仲間どうしいたわりあう

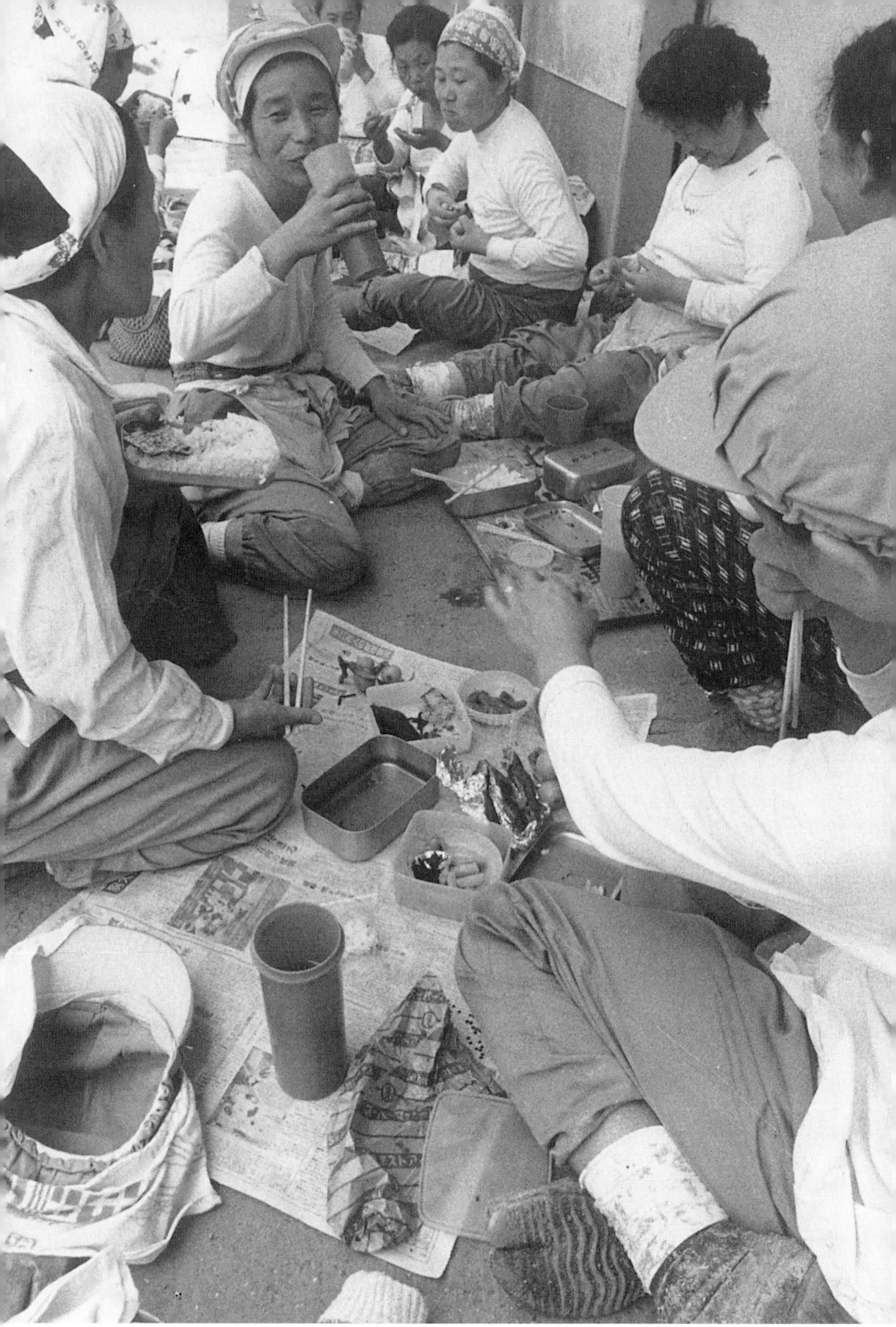

夏の荷役は暑さに辟易する。「ああ，ビール飲みたいなあ」と言いながら，コップのお茶をあおる

作業の場所取りでは喧嘩もするが，昼飯時は和気あいあい。家族のことや世間話に花が咲く。▶
「体が資本」だから，みな弁当のおかずは豪勢で，品数も量も豊富だ

講本部

昼休みの甲板は、苦しい労働から解放される唯一の憩いの場である。中央に割った西瓜が山のように積まれているのはデザートか。めいめいが弁当箱というより重箱に近い大きな容器をあけて、これでもかとおかずを並べる。品数も量もめっぽう多く、こんなに食べきれるものかと思うほどだ。体力の消耗が激しいから、体が要求するのであろう。

ある日、市場で買い物をしている彼女たちと出会った。その買いっぷりを見て肝を潰した。高価な食材を惜しげもなく、ぱっぱっと買っていく。店の主人に話を聞いた。

「あの人たちは、体が資本ですからねえ。そのおかげで門司の店はやっていけるんです。沖の仕事がなくなったら、わたしら店のほうが先につぶれますよ」

上：手作りのおかずを分け合って食べる。「いちばん欲しいのは睡眠だけど，昼食は数少ない▶楽しみの一つよ」

下：食事を終えて至福のひととき。かすかに揺れる甲板上で熟睡する。いつでもどこでも一眠▶りできるのも，体力を維持する秘訣なのだろう

昭和五十六年（一九八一年）現在、関門港の女の日雇登録者五十一人のうち、十六人は六十歳以上である。その中では最年少の一人、四十三歳の女沖仲仕は、妊娠中に沖の仕事を経験した。すでにオールナイは廃止されて久しい。

「オールナイのある時代だったら、妊娠中はとても無理でしたね。日中だって、船が揺れるからつわりがひどくなるし、腰をかがめてする仕事だから胎児にもよくないでしょう。かといって、妊娠してるから早退したいとは言えない。やるなら一人前以上働かないと、みんなに迷惑をかけますからね」

時々ダンブルの中に座り込みながらもフルで働いた。小柄なわりにさほど腹が目立たなかったので、仲間はしばらく妊娠に気づかなかったという。妊娠中の重労働は母体保護の観点からすれば問題があるが、彼女は五カ月まで沖の仕事を続けた。

ところが、秋になってソ連から入った肥料用のカリ（塩化カリウム）を荷役している最中、ついにダウンしてしまった。カリはシベリヤの荒野から凍ったまま運ばれてくるから、ダンブルの中はマイナス三十数度という凍てつく寒さとなる。地下足袋の上にドンゴロス（麻袋）を巻きつけて作業した。だが、しだいに下半身の感覚がなくなっていく。それでも無理して働くうち、全身に痙攣が走り、崩れるようにカリの中に倒れ込んだ。

仲間たちが病院に担ぎ込んでくれて、幸い本人もお腹の子どもも無事だった。この出来事を機に、沖の仕事を辞めようかとも考えたが、暮らしが立たない。彼女は子どもを母に預け、乳の張りに苦しみながら働きつづけた。

細い体に底知れぬ力を秘めたベテランの女沖仲仕。「節制してきたから，ここまで頑張れたのよ」▶

陸《おか》に帰る

朝，ハッチからダンブルに降りる時は溜息が出る。作業中は険しい顔つきで黙々と仕事をこなす。夕刻，仕事が終わると，やっと笑顔が戻る。

荷役が終わり，通船に乗り移る時も命がけである。時化の日は強風で吹き飛ばされることもある

朝は「このハッチ，尻がつっかえて入らん！」と不機嫌だったが，夕方仕事が終わると，よう▶やく穏やかな表情を見せた

朝は緊張しているが，帰りは気が緩むから意外に事故が起きやすい。互いに助け合って慎重に通船を降りる

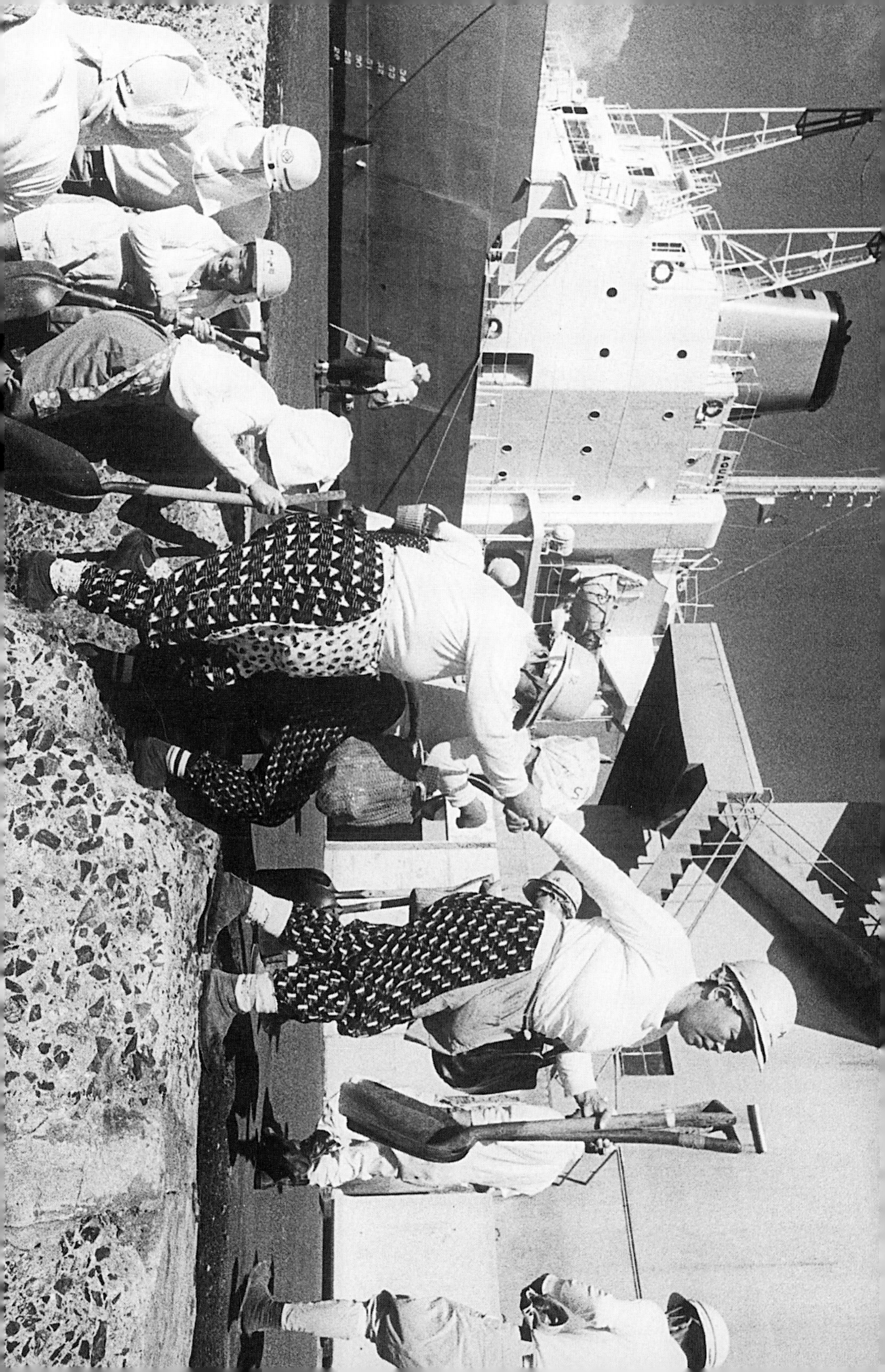

昔はオールナイが３日も４日も続くことがあったが，今は夕方には終わる。ほっとして職安へと急ぐ

疲労困憊して，陸に上がったとたんへたり込んでしまう者もいる。運送会社の社員に引き上げてもらう ▶

あと数か月で女の港湾労働は廃止されると聞いた。緊張が解けると，体を張って働いてきた日々に思いを馳せずにはいられない

◀ みな足取りが軽い。今晩の夕食の献立を考えているのだろうか

門港丸
門司区

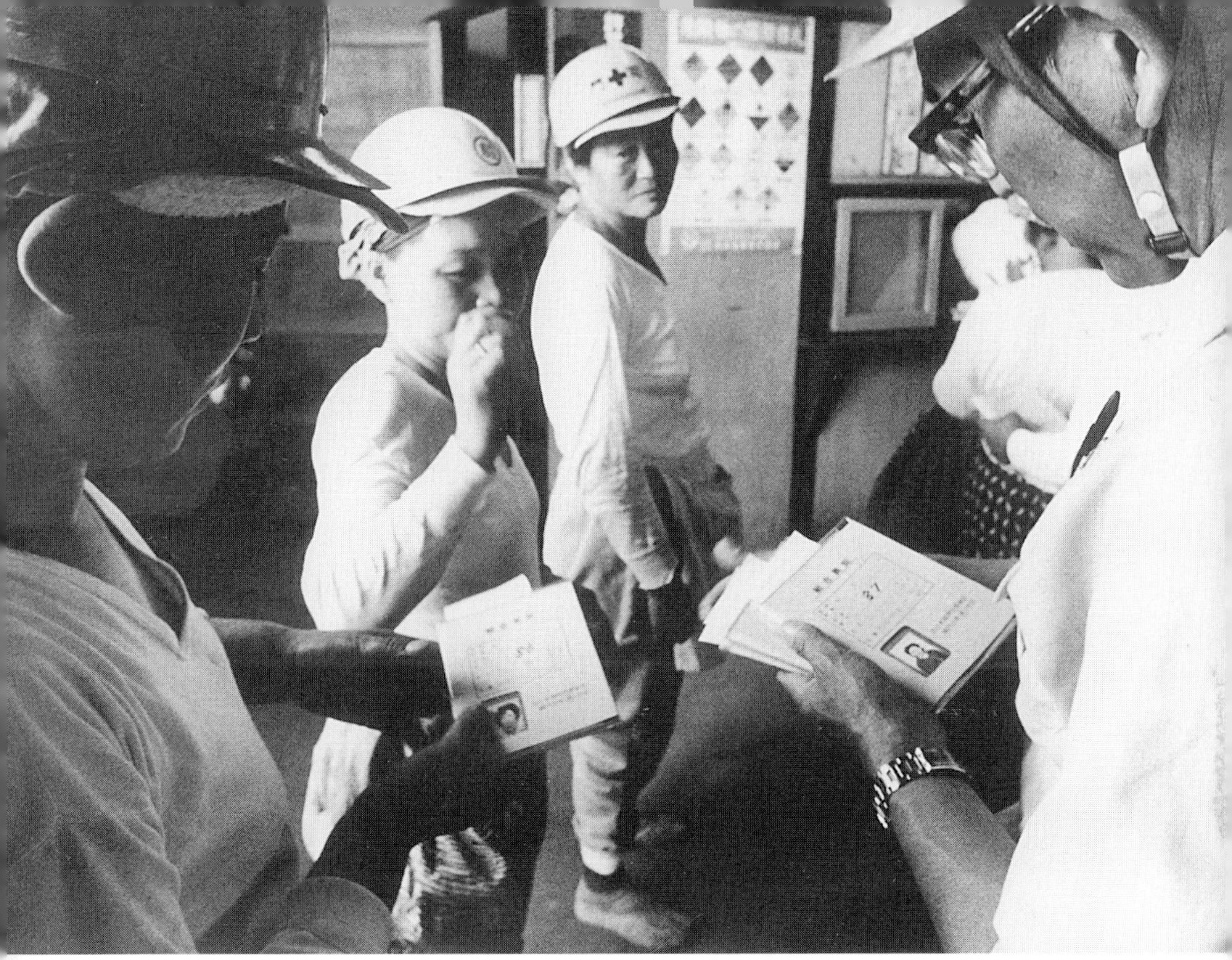

作業後，職安で勤務終了を告げ，その日の賃金を受け取ることを「面着《めんちゃく》」と言った。港湾運送会社の社員が登録手帳と本人を確認し，賃金を手渡す

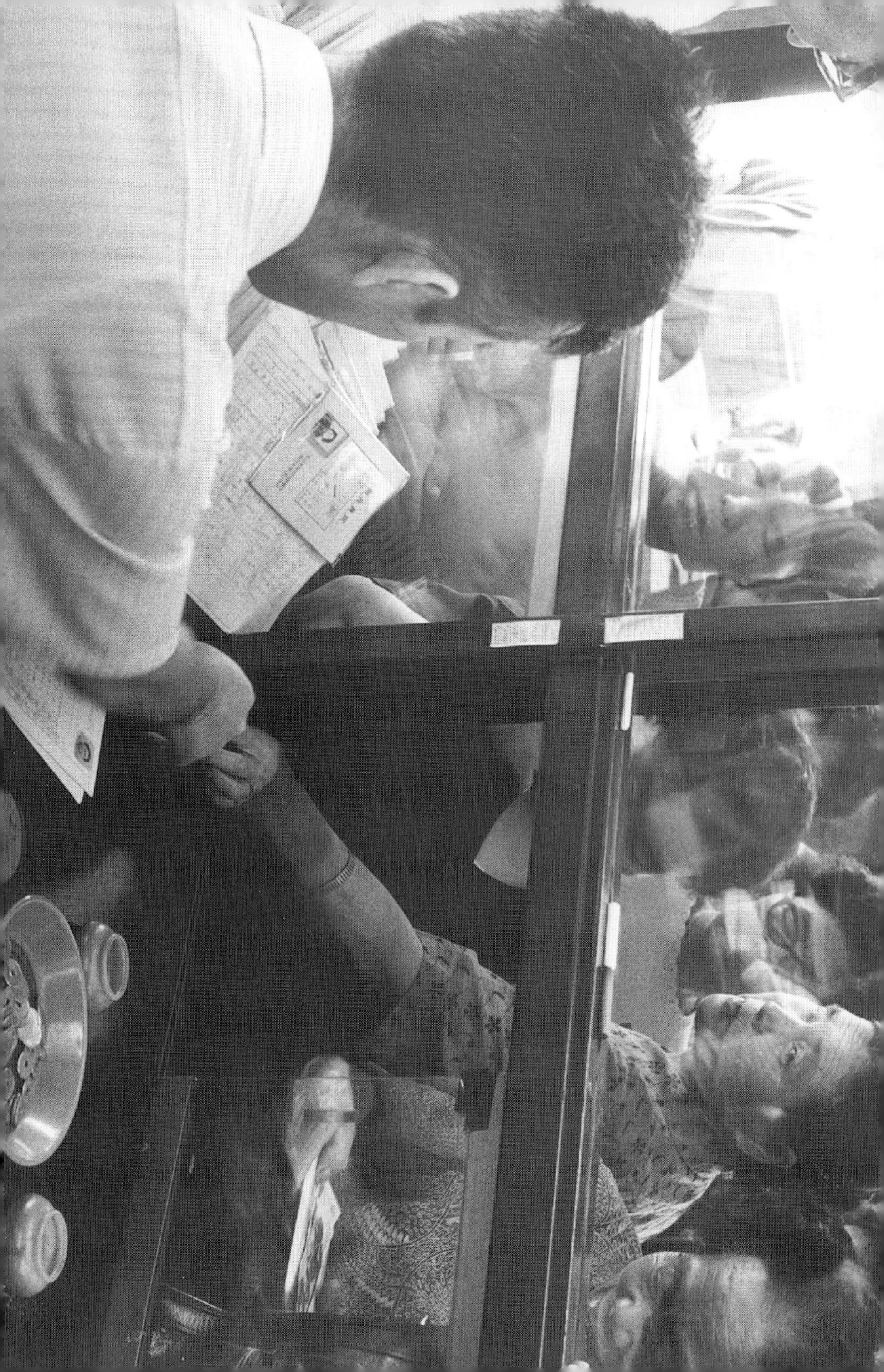

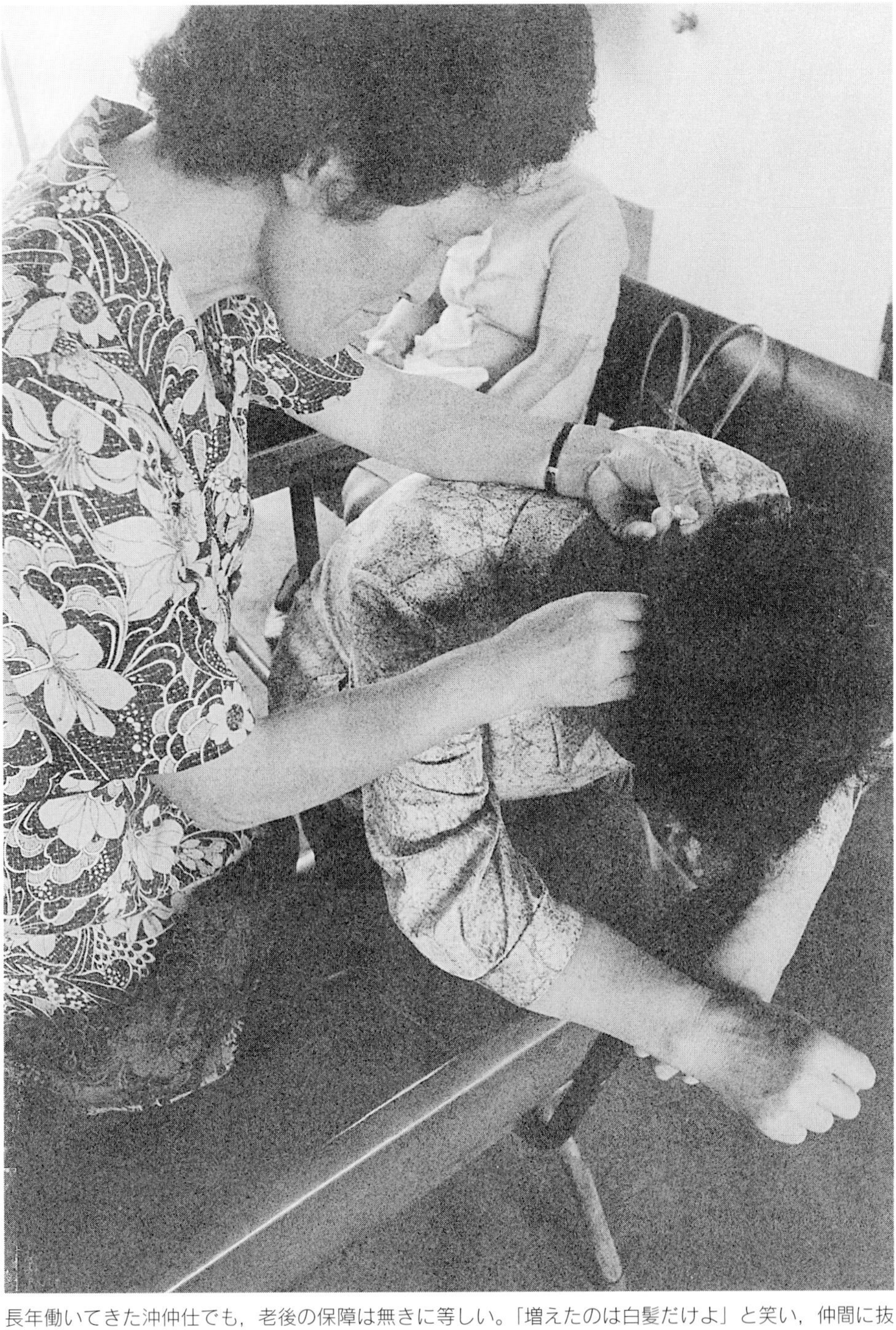

長年働いてきた沖仲仕でも，老後の保障は無きに等しい。「増えたのは白髪だけよ」と笑い，仲間に抜いてもらう

どれほどきつい荷役だったとしても，これで一日の疲れが吹き飛んでしまう ▶

ある日の荷役。午後四時半に作業が終わり、サンパンで港に帰ってきた。久方ぶりのモッコ取りで疲れたのか、みんな無言だった。港湾運送会社の事務所まで、彼女たちの足どりは重い。面着して一人五千五百円の賃金が支払われた。それを手にすると、やっと彼女たちの顔がほころび、白い歯が見えた。女一人の賃金としては高いほうであろうが、あの激しい労働の対価としては、まだ安すぎる額だと思った。

夫も沖仲仕。家族そろっての食事はめったにない。今晩はひさしぶりに全員で夕餉の卓を囲んだ

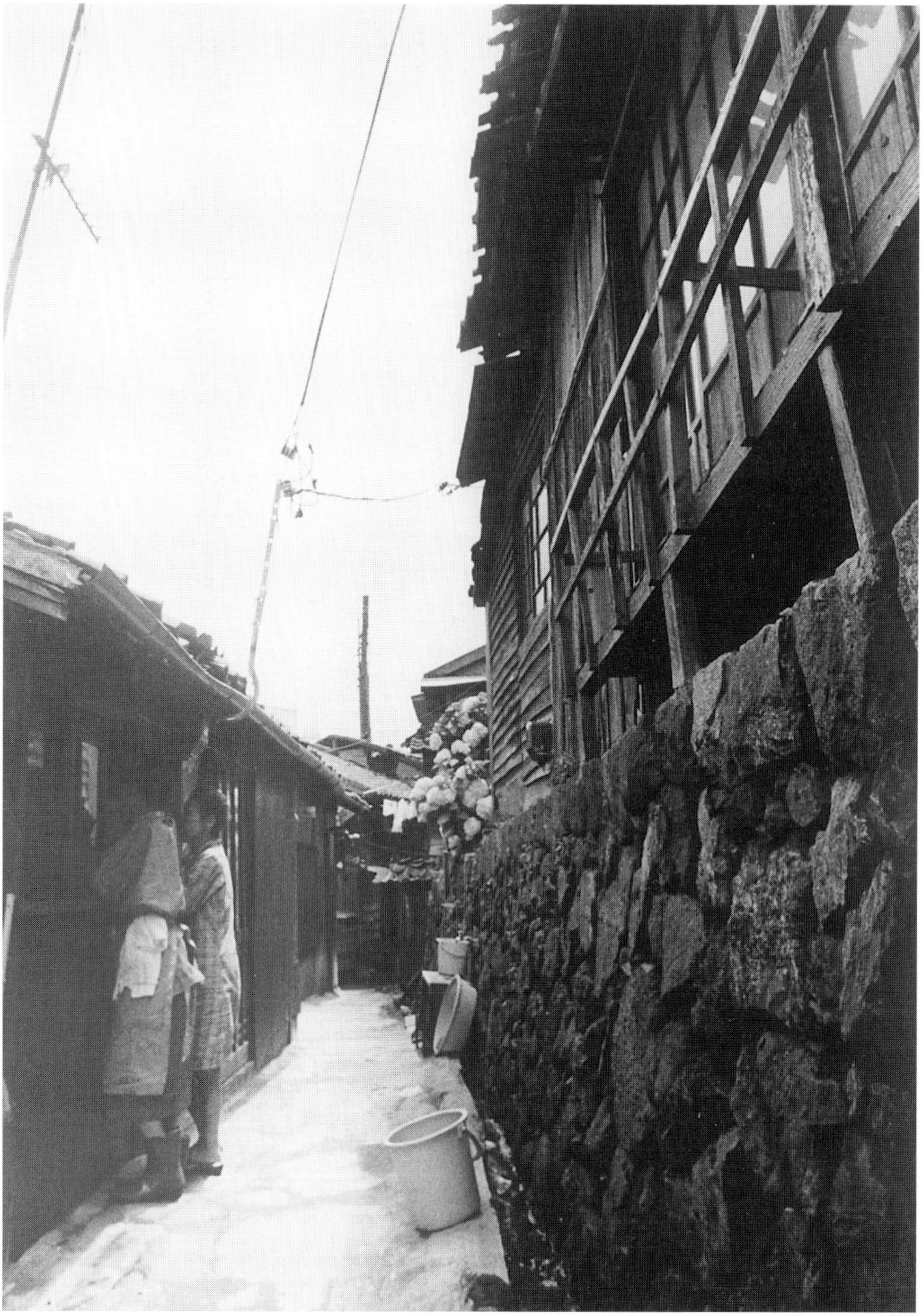

ごんぞう納屋が残る風師町《かざしまち》の一角

◀ 面着が終わって現金を手にすると，仲間と一緒に近くの酒屋に立ち寄る女たちもいる。思い思いの酒を角打ちして一日の疲れを癒す

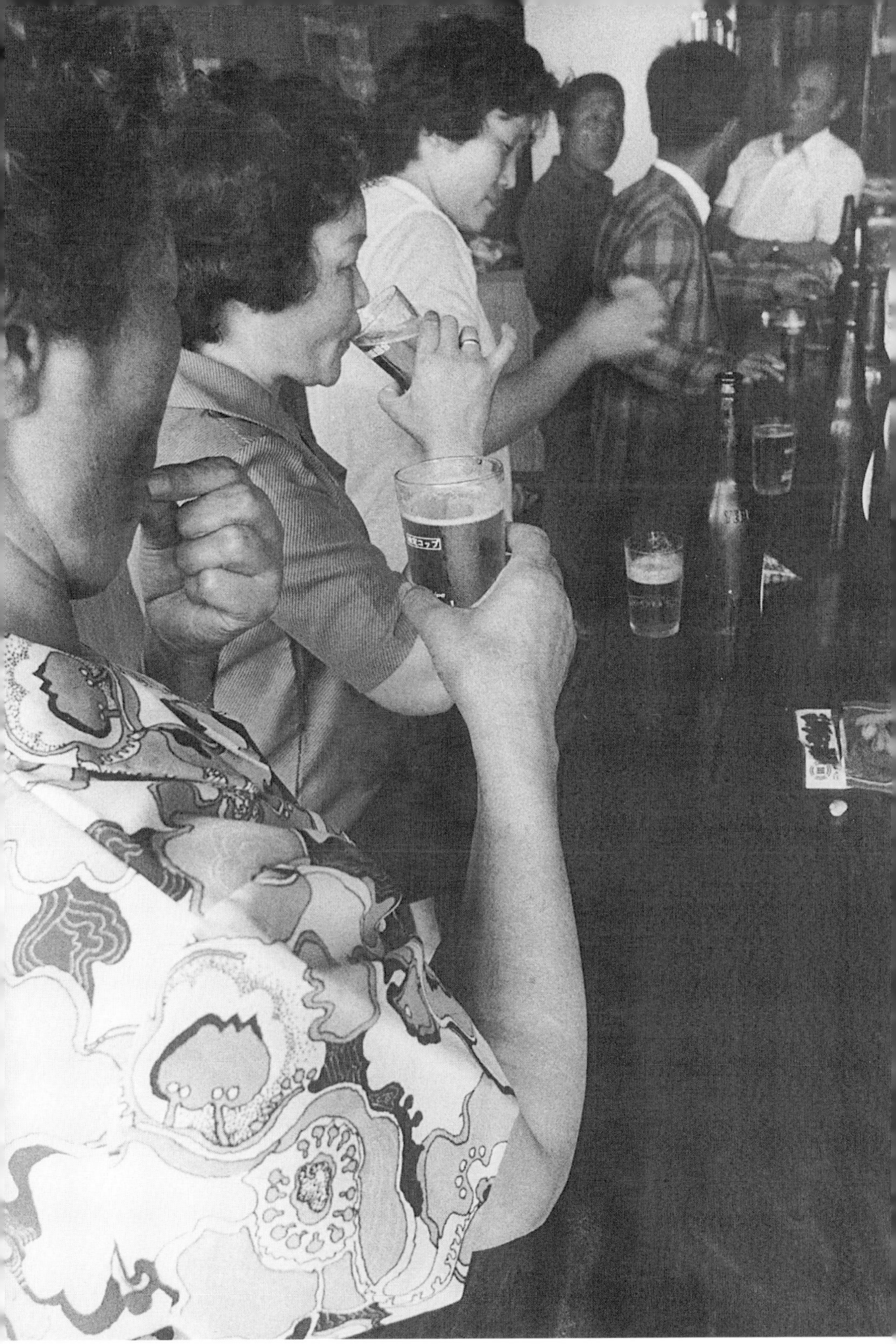

婦人の石炭仲仕は、門司港の一名物にして、之は日本全国の各地にて其の労働其の賃金等他に比類なき唯一の名物なり。

婦女の職業多き中、石炭仲仕ほどの労働を為すものはなく、亦《ま》た是れ程の賃金を得るものなし。〔…〕門司に於ける婦女の石炭仲仕は、其の員数五百余名もあるべく、年齢は、十二、三歳より五十歳迄の間にして、その原籍は広島県人を最も多しとなし、愛媛県人、兵庫県人等も少なからず。是等の多くは、皆石炭仲仕として、夫婦親子共稼ぎを為すもの尤《もっと》も多く、中には親類なども入れ、五人十人宛《ずつ》、何れも小頭《こがしら》なるものを戴き、日日の労働は此小頭の配下に属す。

——『門司新報』明治三一年（一八九八年）七月三日

ごんぞう気質《かたぎ》

明治時代から親子三代，門司の女沖仲仕という家の生まれ。祖母と母の生き方が好きで，自分も沖仲仕になった。仕事はめっぽうきついが，よそでは得られないやりがいがある。祖母も母もそうだったのだろう。「やっぱりカエルの子はカエルよ」と笑う。

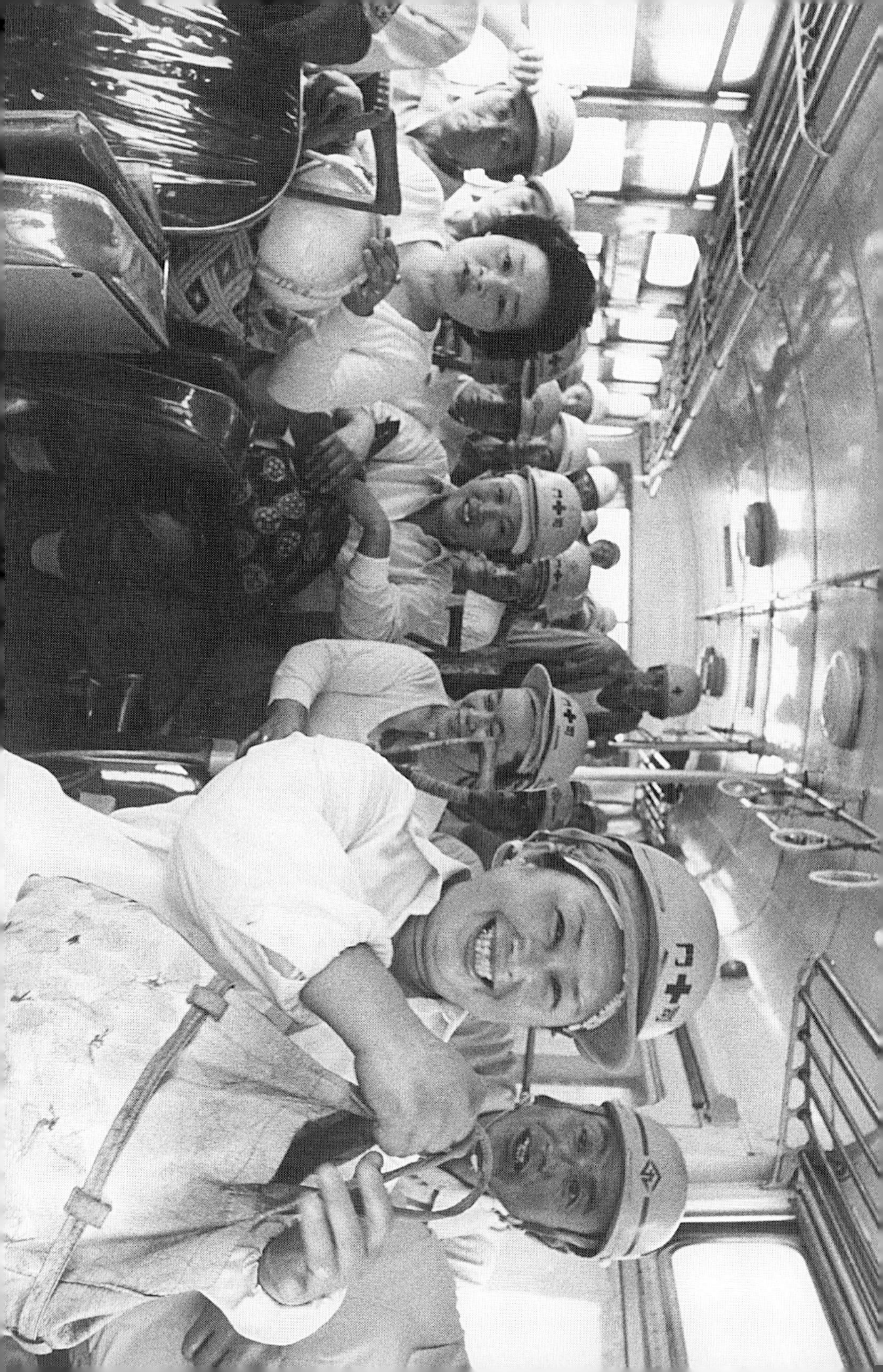

「早く帰らんと，大好きな父ちゃんが待っちょるけネ！」とおどける。いつも冗談を飛ばす彼女の周りには笑いが絶えない

荷役の最中は人を寄せつけない厳しさがあるが，就業前や移動時を含め，それ以外の時は底抜けに明るく，▶からっとしていて，しかも人情に篤い。「わし」「おれ」「おまえ」で呼び合い，女も男もわけへだてなくつきあう。彼女らにとって人を見る唯一の基準は，仕事に対する自負や熱意。サボる者は男でも女でも容赦しない。そのかわり，まじめに働く仲間が窮地に陥れば，わが身をかえりみず手をさしのべる

「年なんか関係ない，わしら，働ける間は働くよ」。60歳を過ぎても若い者には負けない。
二人とも荷役の技術は抜群だ

戦後，娘の時分から港で，沖で働いてきた。「いちばん困ったのは生理の日。昔は今みたいな生理用品なんぞないからね，隅へ行って新聞紙を入れてしのいだのよ」

組合では生け花教室を開いて，日ごろの重労働を忘れさせようとした

◀ 沖仲仕の世界では，「けがと弁当は仲仕持ち」。体力があっても，要領が悪ければけがをする。だから荷役の最中はつねに神経をとがらせる。今日も一日，無事に済んだ

命にかかわる仕事だし、仲間に迷惑かけられんから、要領がすべてなのよ。だからどうしても気性が荒くなる。もたもたしてると先輩からコミやられる（意地悪をされる）。サボる人は嫌われる。場所取りなんかで女どうし争うのもしょっちゅうやった。喧嘩してスコップ振りまわすこともあったよ。でも、みんな荒っぽいけど根はからっとしとるのよ。陸《おか》に上がればけろっと忘れる。ただ仕事に対しては自信があるから、根性のある人ほど他人と競い合いますよ。個性と個性がぶつかり合うし、奥様のような気性じゃ、沖じゃとても生きていけなかった。

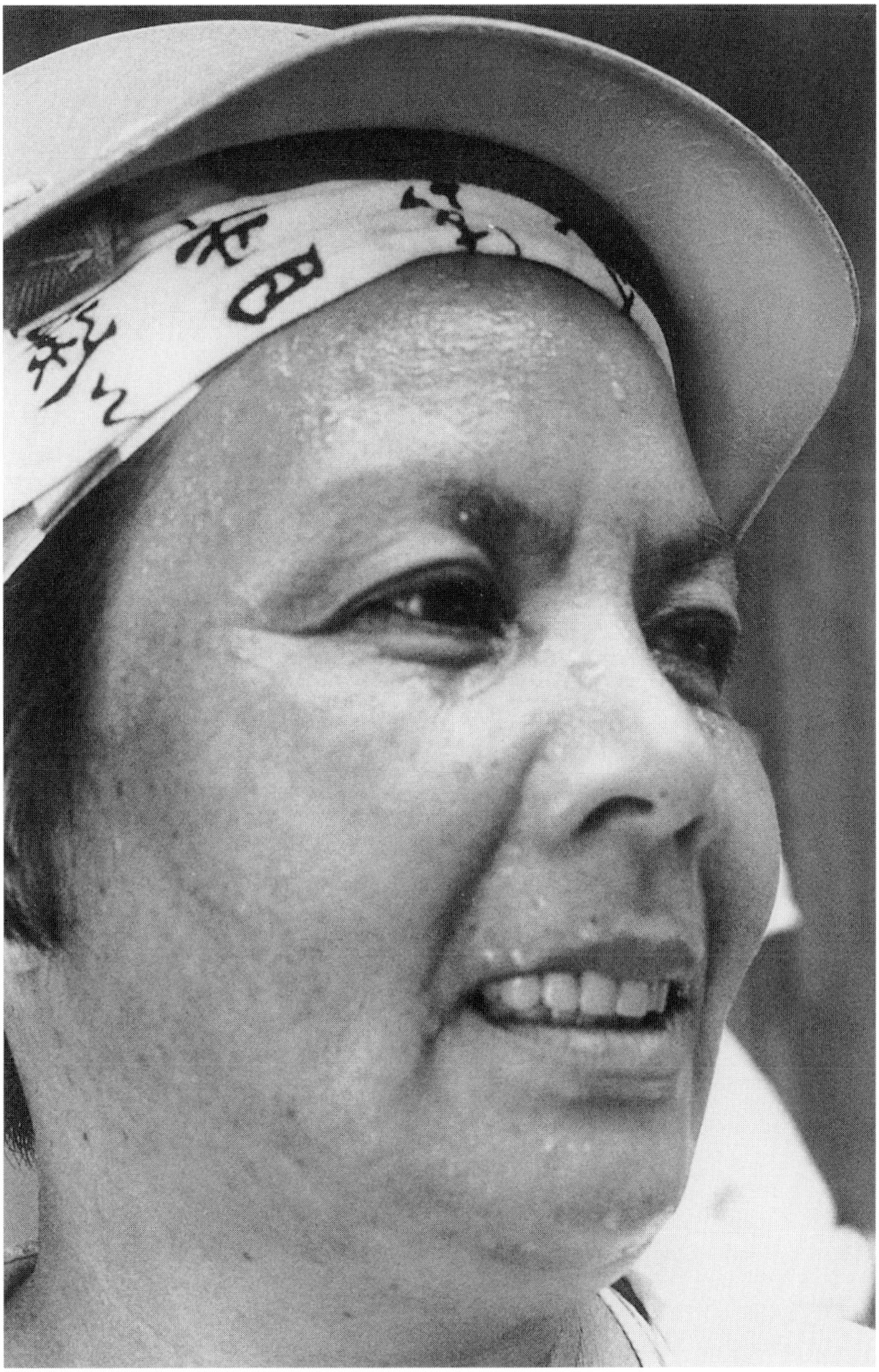

顔じゅうにしたたる汗が労働の激しさを物語る

港に近い広石や白木崎は，葛葉の貯炭場にも近く，ごんぞう納屋が密集していた。在日朝鮮人も大勢住んでいて，港湾で働いていた

◀ 戦後ずっと沖仲仕として生きてきた。「お金もらうんだから，仕事の選り好みはできないわね。どんな荷だろうとこなさないと」

昭和初期から両親とともに沖での荷役に従事した。天狗取りを思い出すと，今でも血が騒ぐという

汗と埃にまみれて働く女たちの風格と威厳に，男の私は脱帽するしかなかった ▶

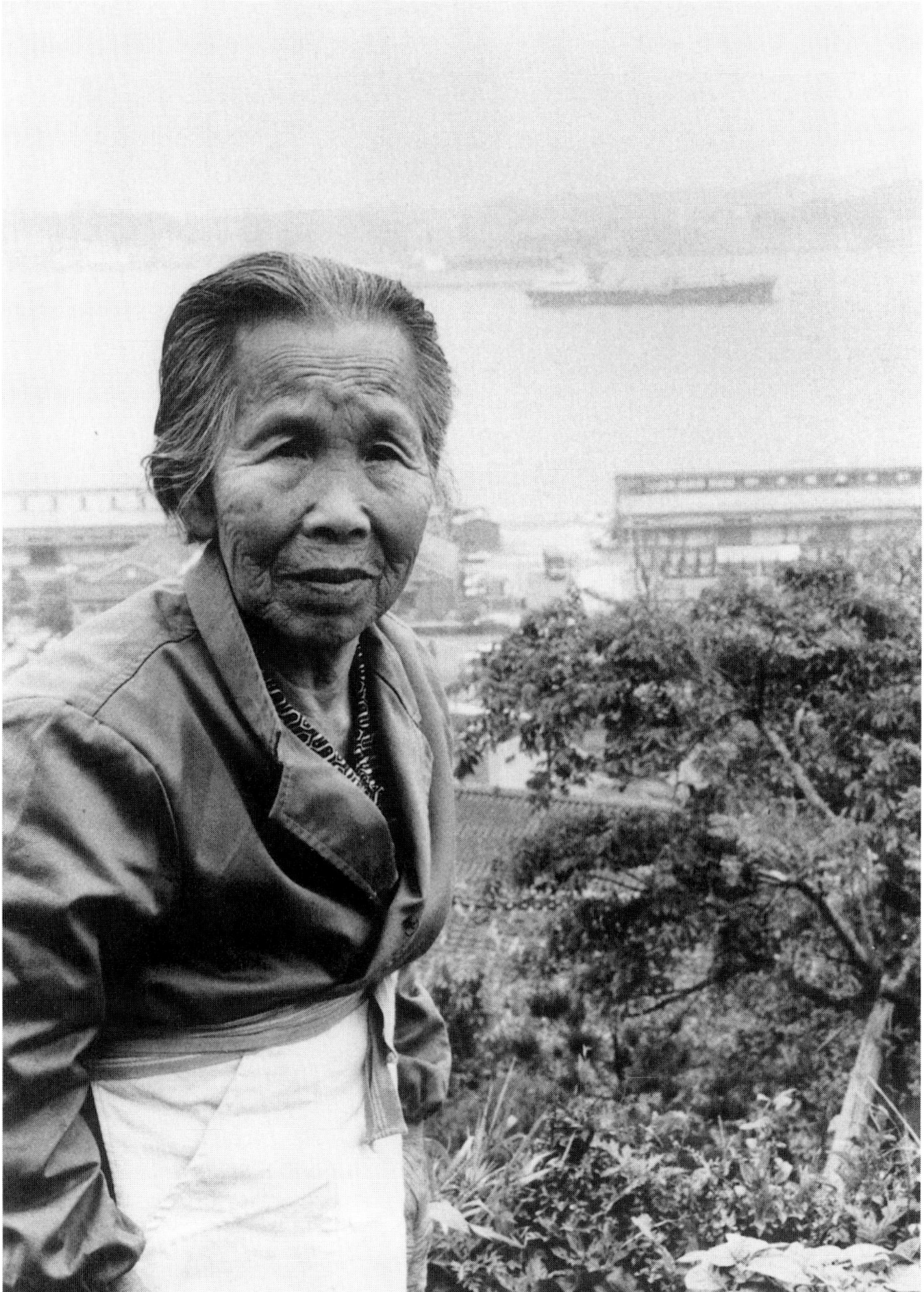

天気の良い日は，高台にある広石の畑まで登ってきて港を見ないと落ちつかない

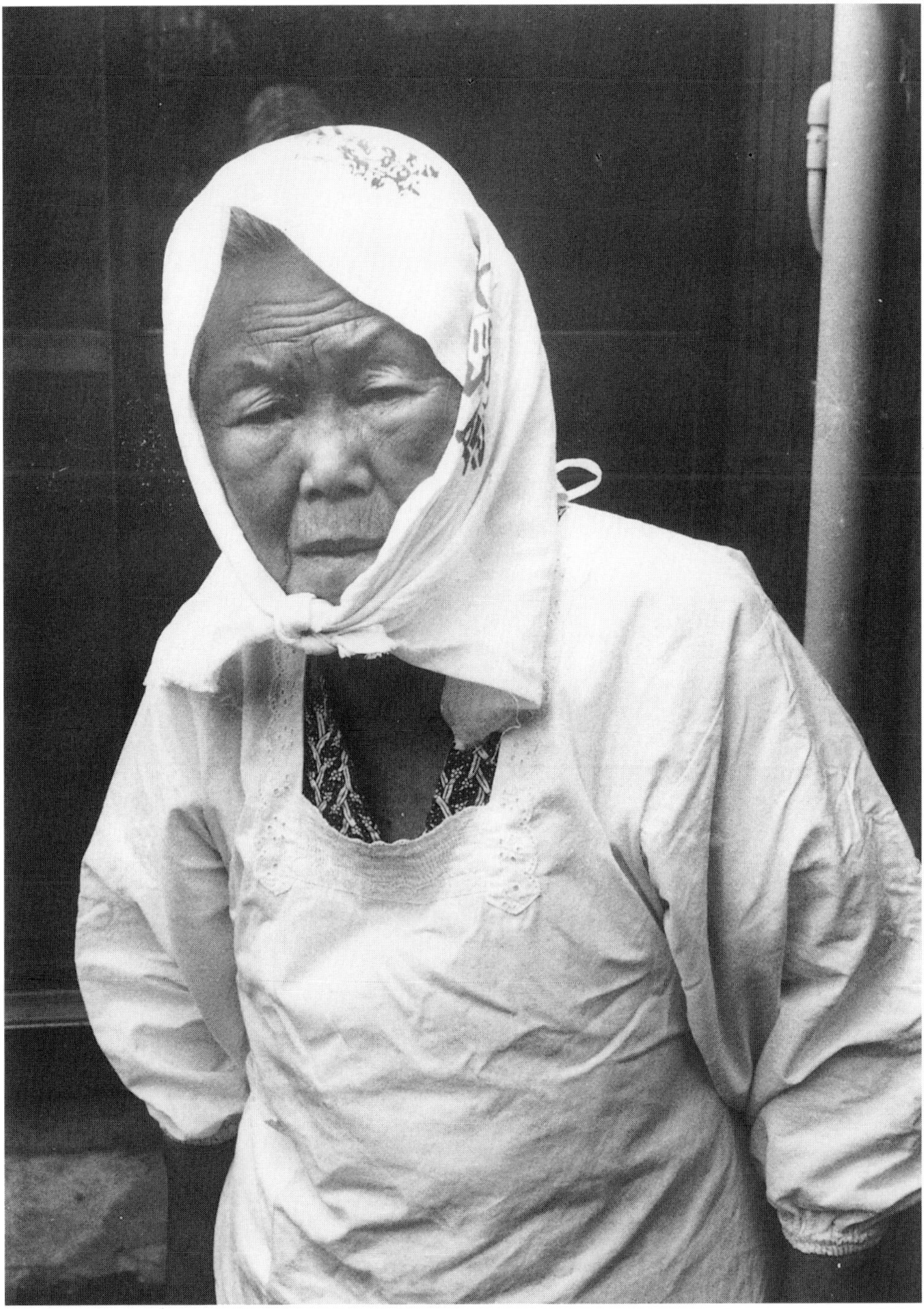

父が三菱物産の直轄するごんぞう納屋でボースン（助役）をしていた。子どものころ，両親不在の折に仲仕どうしの大喧嘩が始まり，幼い身で仲裁したこともあるという

広石の路地を入るとまだごんぞう納屋の連なる一角がある。建物は老朽化しているが，親の代から住んでいるので離れられないという人も多い

わしが子どものころ住んどった葛葉のゴンゾ納屋は、どこもかしこもごんぞうばっかりで、朝から酒飲んで喧嘩しとった。名のとおりごんぞうやけ、そりゃもうやりっぱなしに博打をする。盛んなんぞというもんじゃない。女房までが子どもおっぽりだして博打をしよった。

しかし、団結力と義侠心の強さというか、義理人情はわきまえていましたから、いいところもあったわけですよ。仲間が病気で倒れたら一所懸命に面倒は見るし、困ったことがあれば親身に世話して、親兄弟以上のつきあいをしました。とことん助けあうというか、納屋では茶碗一杯のご飯を借りに行く気安さがありました。気持ちがあたたかくて、いまでもみんな当時を懐かしがります。忘れられんですねえ、あのゴンゾ納屋の生活は。

沖仲仕を辞めた今は，港が見える丘の上の畑で野菜を作る日々。まだ体力には自信がある

◀ 朝鮮出身の沖仲仕もいた。戦前から門司で働いてきて，今はここが第二の故郷だ

港が見える広石の畑に行けば，誰かしら昔の仲間に会える

◀ 風師町《かざしまち》に残るごんぞう納屋の一部。大正時代に建てられたもの。この納屋で，ごんぞうたちはどんなふうに暮らしていたのか

左：門司港運会社の会長を務めた野畑彦三氏。三井，三菱，安川，住友など大資本が集まる門司で，中小の荷役会社をまとめ，戦後の復興に尽くした
右：戦前，三井物産の荷役を請け負った小頭の清水丑之助氏。半生を石炭荷役とともに生きた

昭和十二年（一九三七年）、日中戦争が始まると、関門港は軍の補給基地とされ、港の設備はすべて軍の専用となった。

「軍船が続々と入港してくるが、人手がないので苦労しました。三日も四日もオールナイが続くわけですが、交代要員がおらんのですよ。絶対的に人員が足りないから荷役ができない、と訴えると、『この国家非常の時になにをぬかすか！　そこらじゅうからかき集めてこい！』と、憲兵に脅されるんですからねえ」（荷役請負業者）

「そのころ、年はもう四十に近かったが、沖の仕事に手が足りないと言われると、もうじっとしておれんのよ。やっぱりごんぞうの血が騒ぐというか、石炭の天狗取りとなると燃えるものがあるのね。働いたあとの充実感は、なにものにも替えられん。これに賭ける女の気持ちは、あんたにはわからんかもしれんね」（八十四歳の元女沖仲仕）

白木崎の港湾荷役業者「磯部組」の創業者・磯部松蔵の碑。明治の開港以来，門司の発展に力を注いだ

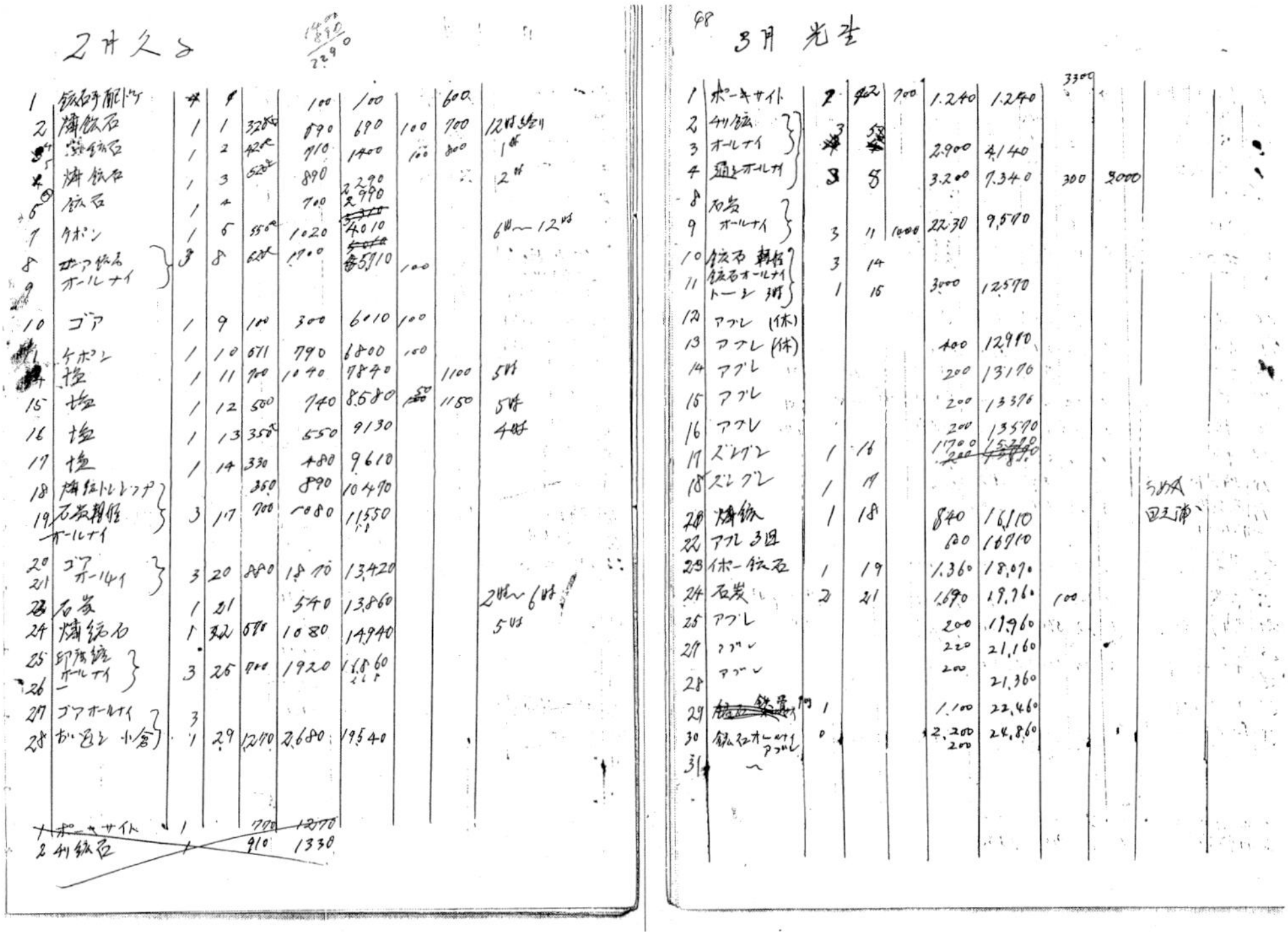

ある沖仲仕夫妻の1961年の勤務記録。左が妻，右が夫。妻は２月，オールナイを含めかなり仕事に恵まれたが，翌月の夫はアブレが目立つ

石炭荷役といえば天狗取り。これが関門港の伝統である。しかし、日中戦争のころになると、一トンから一トン半の石炭を竹籠に入れ、その周囲を鉄鎖で巻いたものをウインチで引き揚げる方法が全国の港湾に普及した。天狗取りでは一時間に二十五〜三十トンが精一杯だったものが、ウインチなら五十〜六十トンと倍の荷役が可能だ。作業効率からも、費用の面からも、画期的な方法であることは誰の目にも明らかだった。

こうして機械化の波が押し寄せてきたにもかかわらず、門司では天狗取りの伝統がなかなか抜けきらなかった。沖仲仕たちはもちろん、作業を統率する小頭もウインチを使いたがらない。天狗取りにはそれだけの得も言えぬ魅力があった。作業を始めると、「やっぱりこれでなくっちゃ」という気持ちが現場に充溢していく。

昭和の時代になっても門司に女沖仲仕が残ったのは、この天狗取りの伝統によるところが大きいのかもしれない。作業そのものは部分的に機械化されても、彼女たちは明治以来のごんぞう気質を脈々と受け継いでいる。

女たちの道具

女たちは，命がけの仕事を支える道具にも注意を怠らない。少しでも瑕疵があれば仕事にひびく。徹底した職業意識で道具を見つめる。文字通り女たちの血と汗が染み込んだ道具にも，沖仲仕の心意気が乗り移っているかのようだ。

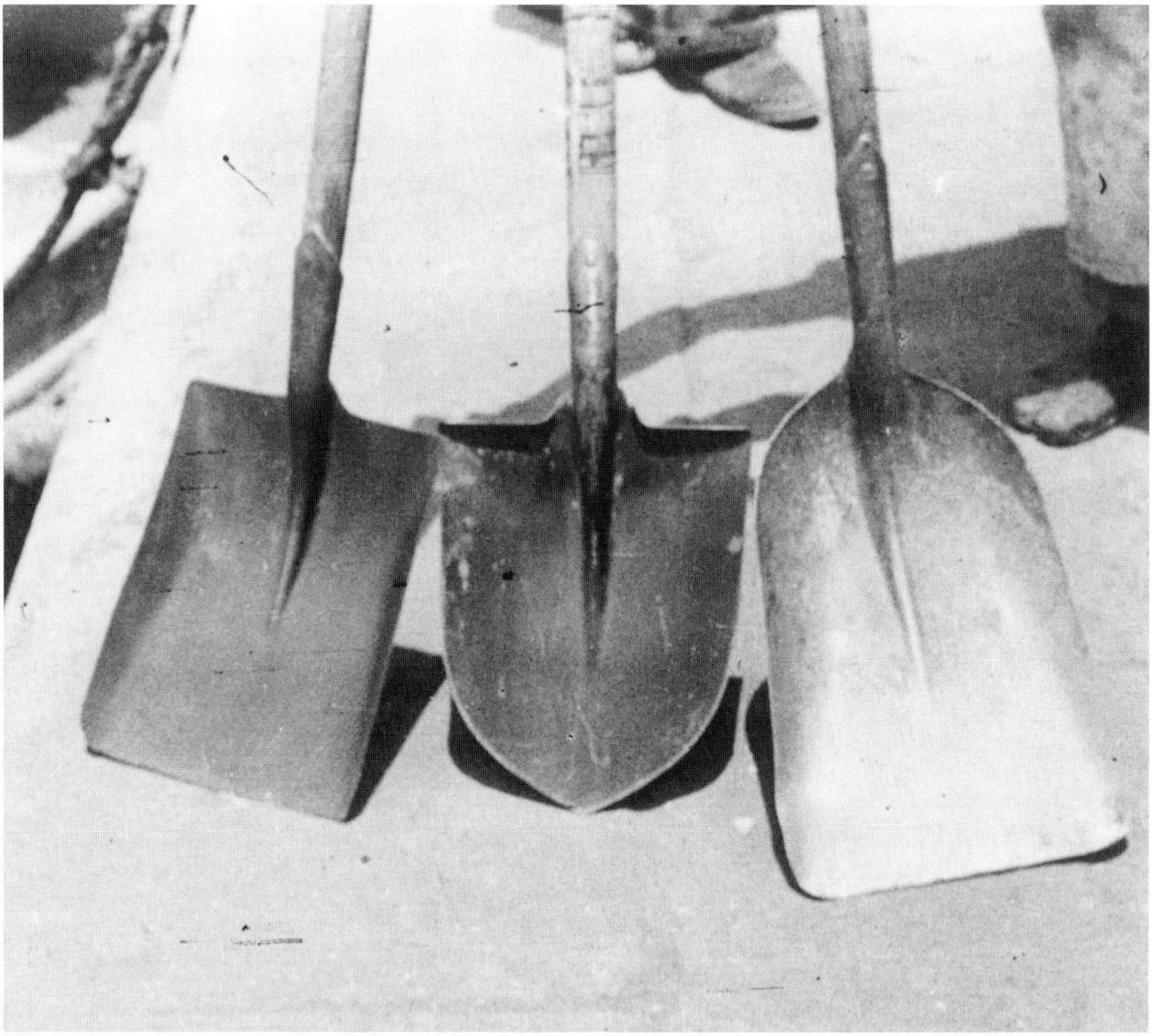

スコップは積み荷に応じて選ぶ

上：バンカー籠，別名トン籠。もとは焚料炭《バンカー》専用に使われた大型の頑丈な籠。ウインチで引き揚げる

中：かつて天狗取りの足場に用いられた棚板（踏み板）

下：固まった塩化カリウムなどを砕くピッケルのような道具

バラ物（＝撒物，石炭や穀物，砂糖，肥料原料など，梱包せず粉や粒のまま扱う荷のこと）の荷揚げに使うバラモッコ。太いロープを編んで丈夫に作られている

上：鉱石や岩塩を揚げる時に用いる鉄製の頑丈な缶
中：左が石炭荷役に使われたバイスケ。関門港ではこの小さい型が普通だが，海が穏やかな洞海湾の若松ではこれよりやや大型のバイスケが用いられた。右はこぼれたバラ物をすくう笊《ざる》
下：針《はりや》の道具。破けた袋からこぼれたバラ物を漏斗にすくい入れ，袋の中に戻した

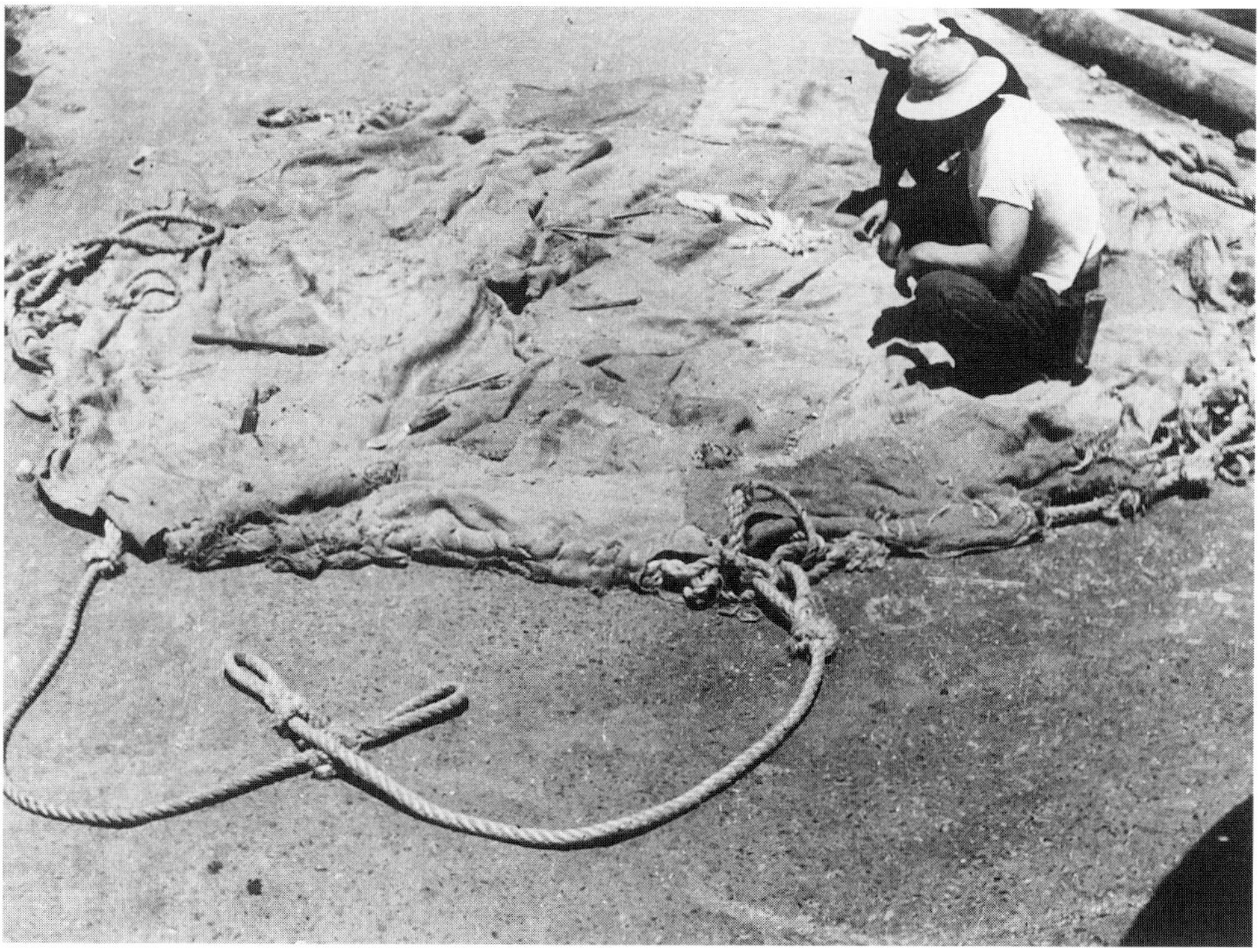

バラモッコは丈夫とはいえ，硬い鉱石などを運べば破れてしまうこともある。荷役が終わるとその日のうちに破損箇所を修繕する

上：予備のワイヤーロープ
下：通称マクラップ。鉄や銅の鉱石を運ぶのに使う

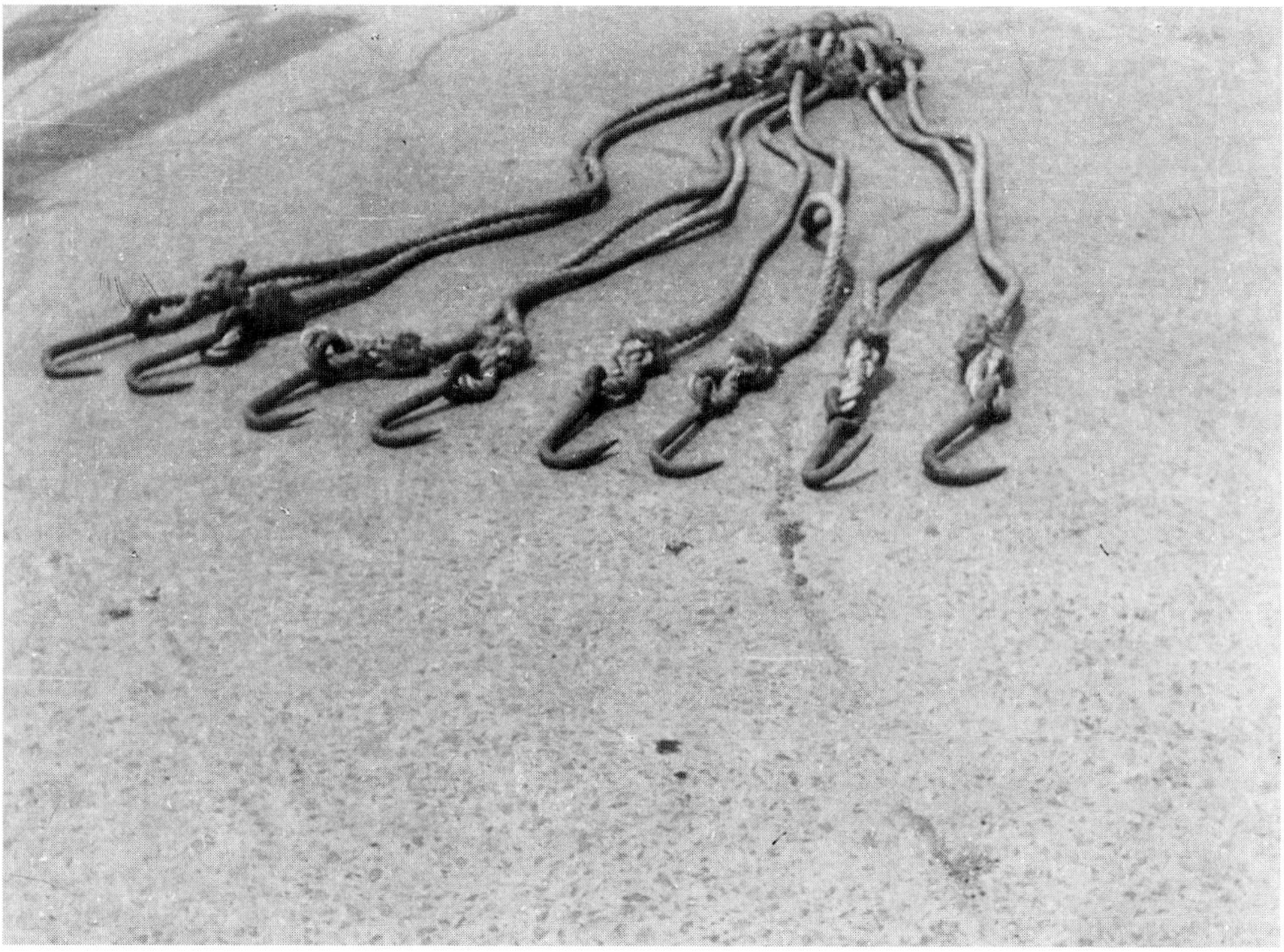

手カギの一種。通称タコないしチンクヨウ。台湾やフィリピンから届くバナナの籠を引っかけるのに使う

台湾・韓国産の御影石などを運ぶ時に使う，通称「石カーゴ」

梱包荷を本船から岸壁に揚げる時に使う雑貨モッコ。一度に大量の荷役ができる

モッコを吊るワイヤーが切れれば大事故になりかねない。早朝，真っ先に点検する

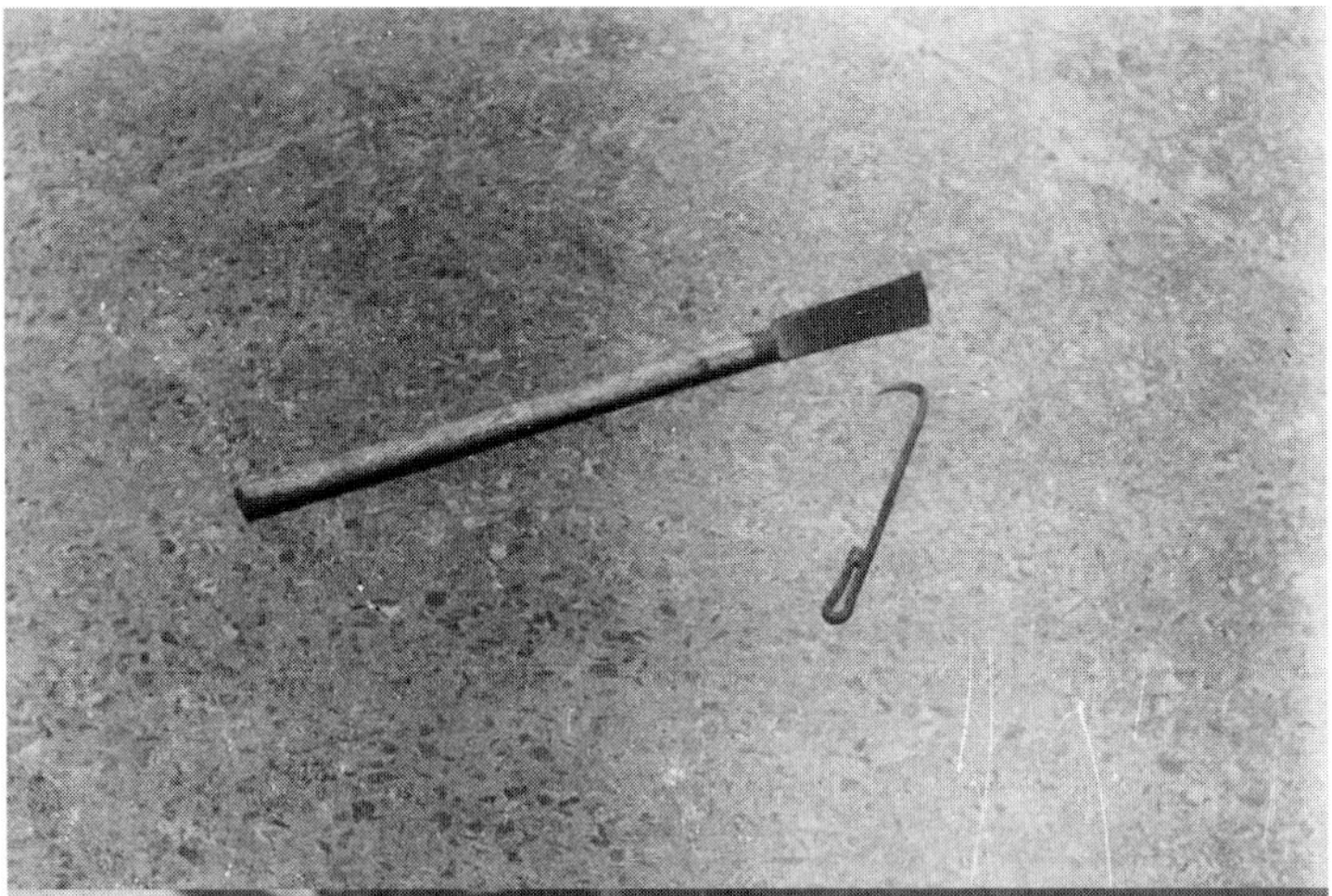

上：ダンブルに付着した砂糖を削りとる道具
下：鉱石や石炭の天狗取りで使用された雁爪《がんづめ》

ガラスなど壊れやすい荷を運ぶための道具

沖仲仕たちの飲み水を入れる桶。夏場はときおり氷を入れて冷やした

消えゆく沖の仕事

カナダから小麦を積んだ船が税関前にじかに接岸する。近ごろは沖で仕事をする日がめっきり減った。

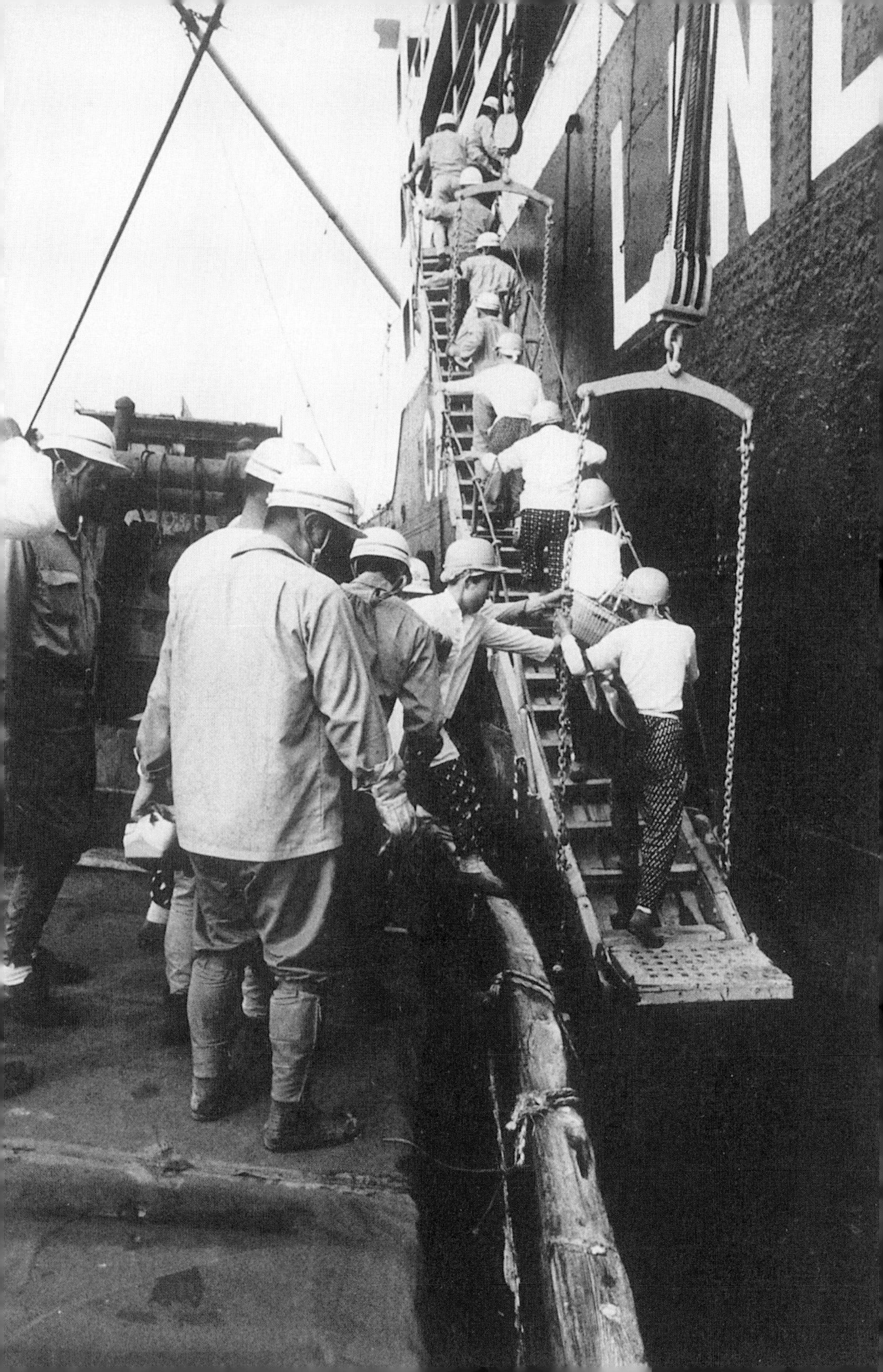

関門海峡は潮の流れが速く，冬はシベリア下ろしの風で凍えるような寒さだ。当然，荷役にも支障が出る。より条件のいい博多港を選ぶ船会社が増えた

最近の大型貨物船は，港や通船にタラップを降ろしてくれるから乗り込みやすい。だが船の規模が小さ▶くなると，必ずしもそういう設備がないから，今もジャコップ（縄梯子）を登るしかない

税関前に接岸した本船からパイプが伸びてきて，近くの倉庫や車両に小麦を送り込むこともめずらしくない。これでは沖仲仕の出番は皆無だ

◀ 船底の小麦がパイプやクレーンでトラックに移される

田野浦にコンテナ基地ができると，関門港とその沖での荷役はいよいよ少なくなった

「せめてひと月に十日、働けたらいいのにねえ」と、彼女たちは溜息をついた。そうして月に二四、五日就労した十年前を懐かしむ。

入港する船の数が減ったのに加え、港湾設備の急速な機械化が、港と沖の仕事に決定的な影響を及ぼしている。昔のように大勢の日雇沖仲仕は必要とされなくなった。職業安定所に日参しても、アブレる日が増えた。アブレた日の女たちは、「今月はたった三日よ。もう、やりきれんよ」と、肩を落としてわびしげに嘆く。つい五年前は、月に十日しか働けないとこぼしていた。それがいまやさらにその三分の一である。昭和四十九年（一九七四年）から毎年のようにクビ切りが行われ、そのさい行政側は「定数が減れば、就労日数は百パーセント保障できる」といって退職を強要した。それが完全なペテンだったことがわかり、女たちは地団駄を踏んだ。

「明治以来、関門の荷役は女にしかできん、女がいちばん働くといっておだてられ、会社にこき使われてきた。それが機械化だのコンテナ化だので、荷役が楽にできるようになったから、おまえたちはもう要らんということ。わたしらの今後の暮らしはどうなるのよ。この年になって、いまさらどこへ行けというのよね」

それでもわずかに残った女たちは、「港以外に生きる道はない、最後まで沖で働きたい」と考えている。日清・日露戦争、第一次大戦、太平洋戦争、朝鮮戦争……戦争とともに発展してきた港の宿命と割り切ることはできない。都合の良い時だけおだてて酷使し、情勢が変われば切り捨てるというやり方は、関門港に限った話ではない。そのようなやり方を続けていいのか。それであとに何が残るのか。女沖仲仕の運命は、私たちにそういう問いをつきつけている。

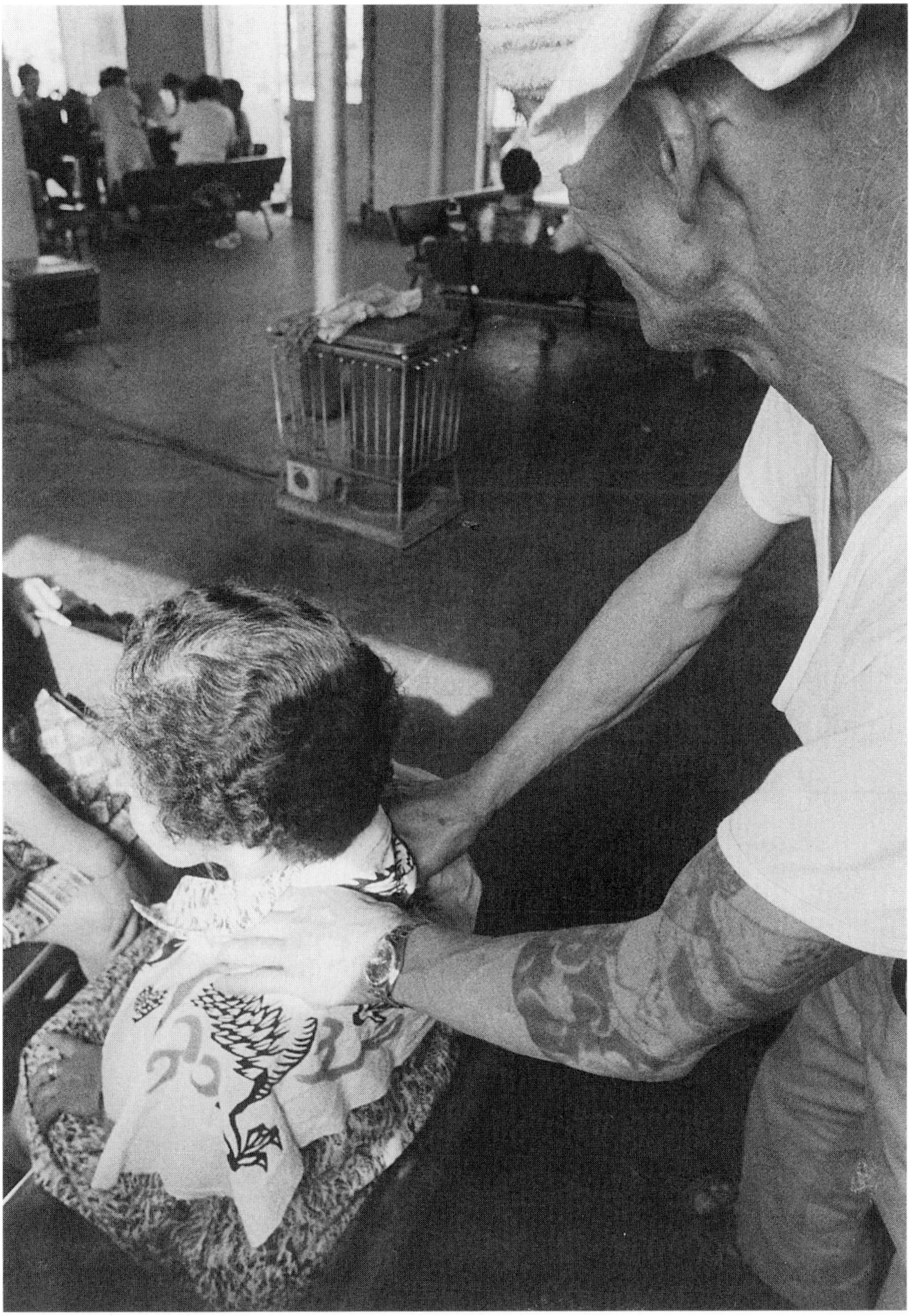

朝，職安に来ても仕事があるとはかぎらない。時間をもてあまし，老いた男沖仲仕にあんまを頼む

アブレた日，しかたなく職安の控室で雑談する。オールナイ続きで何日も家を空けたころの苦労話に花▶が咲く

就労日を基準とする積立金のおかげで，アブレた日も一定の保障がある。それなりの額だからアブレても今日明日食うには困らない。だが，心の底にはむなしさが淀む

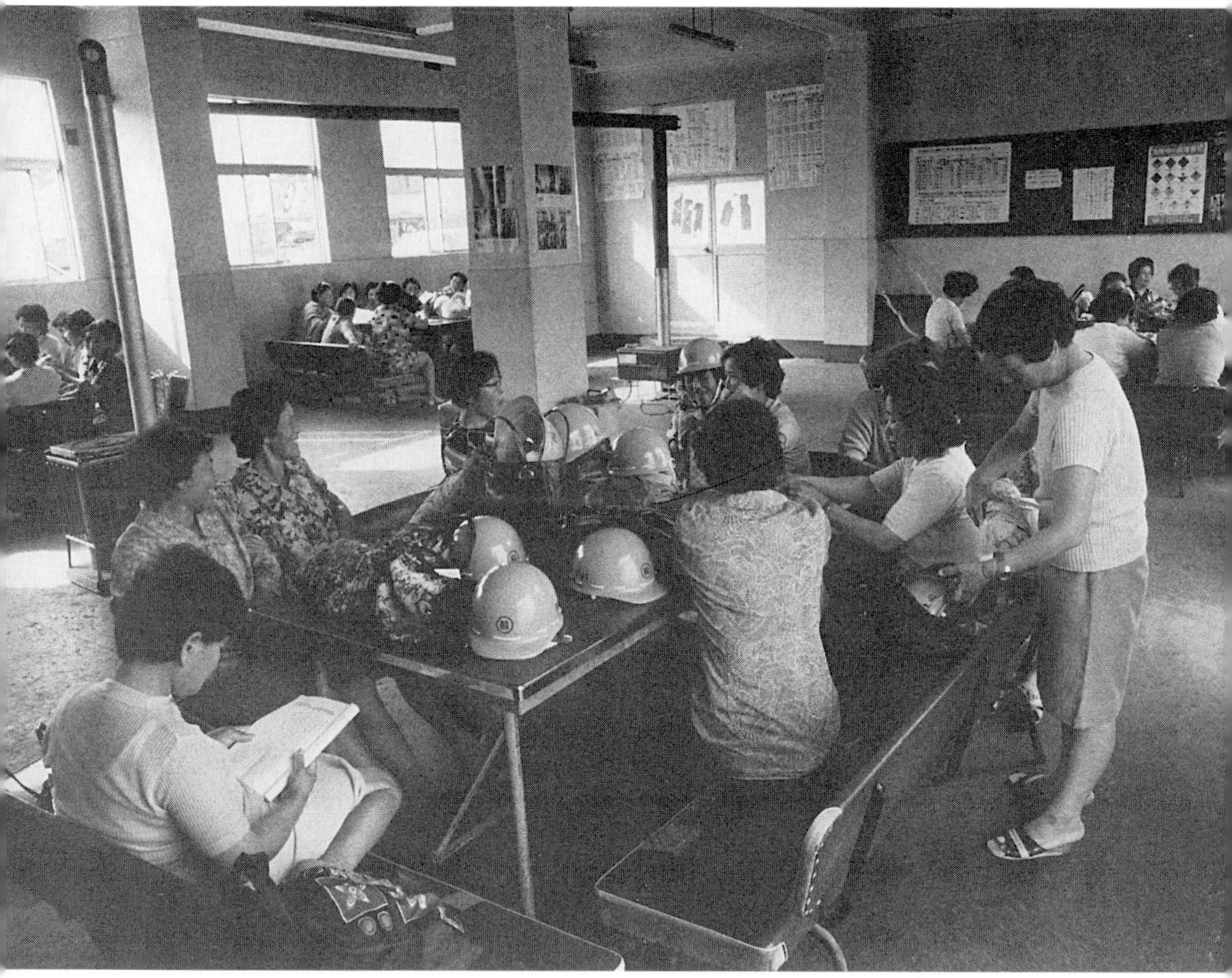

機械化が進み，船の甲板から倉庫まで架け渡したベルトコンベアが荷を運んでくれるようになった。港でも沖でも，人力による荷役は過去の遺物と化していくのか

沖仲仕の仕事がなくなれば，彼女たちを乗せる通船も，岸まで荷を運ぶ艀も用がなくなる。船溜はまるで廃船の墓場のようだ

［解説］

門司港の「女沖仲仕」の歴史

神﨑智子

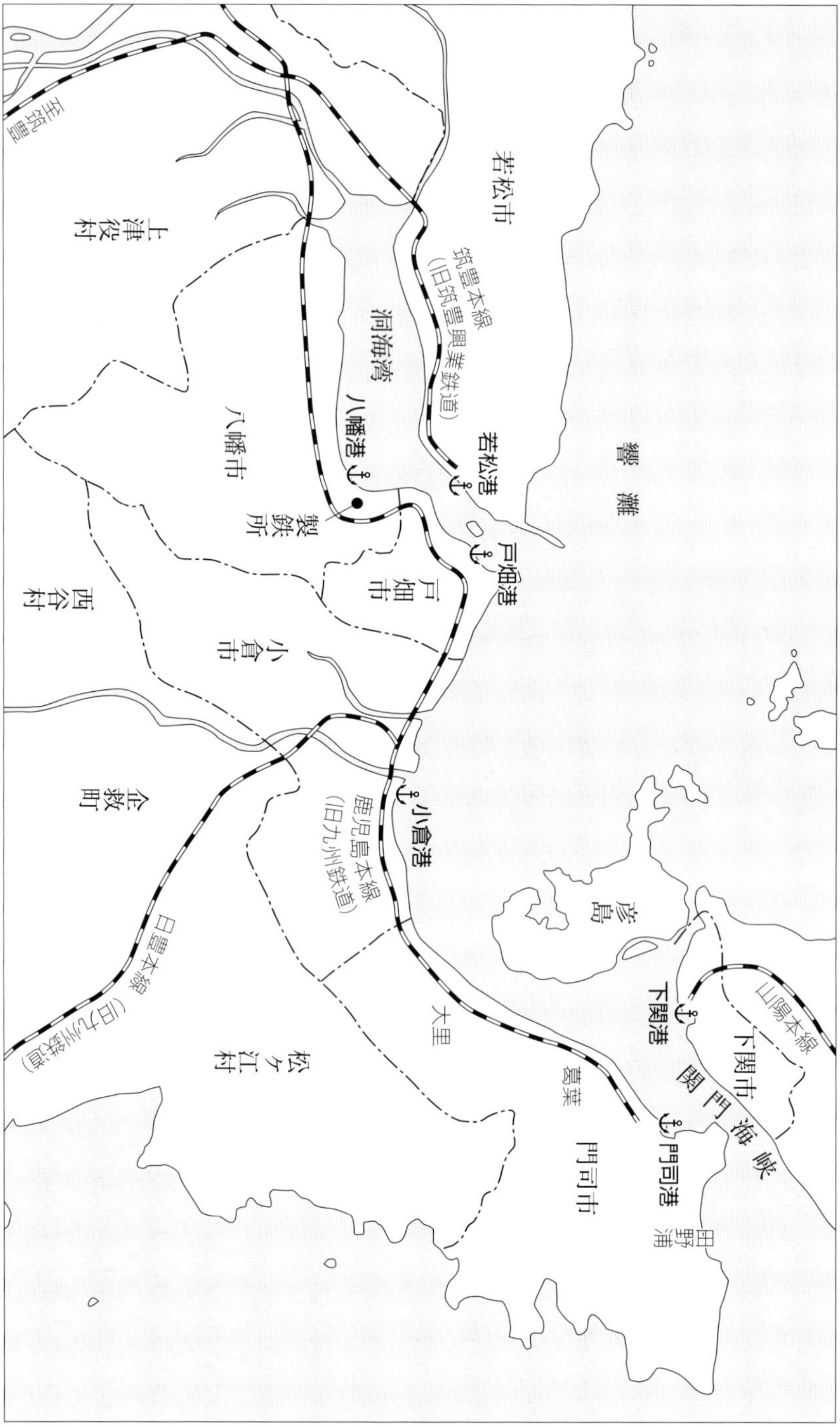

昭和初期の門司港周辺図

(福岡県統計課編『福岡県管内図』1932年等を基に作成)

はじめに

門司港は、関門海峡に面する九州東北端の港である。(1) 門司（現在の福岡県北九州市門司区）は、明治半ばまでは、農漁業とわずかな製塩業で暮らす寒村であったが、明治二二（一八八九）年に門司港が、石炭など五品目の特別輸出港に指定されたのを契機に、国際貿易都市へと発展していくことになる。商社や銀行が門司に進出し、港湾荷役を行う「仲仕」と呼ばれる港湾作業員も続々と門司に集まった。明治三六年の門司港の仲仕数は九〇〇〇人を超え、うち女性の仲仕は三二〇〇人を数えた。(2)

明治二二年に三一五〇人だった門司（当時は文字ヶ関村）の人口は、文字ヶ関村が町制を施行して門司町となった明治二七年には一万七八人、門司町が門司市となった明治三二年には二万九二九〇人、大正元（一九一二）年には九万八五二八人へと急増している。(3)

沖合に停泊した汽船に艀《はしけ》を横付けして積み荷の揚げおろしをする門司港の「沖仲仕《おきなかし》」の姿は全国に名高く、その中でも「女沖仲仕」は関門海峡の名物といわれた。昭和四一（一九六六）年、フランスの哲学者サルトルとボーヴォワールが来日した際には、女沖仲仕を沖合の貨物船まで訪ねて、インタビューを行っている（本書一一頁参照）。(4)

しかしながら、港湾の機械化や物流の変化などに伴い、門司港の女仲仕は次第に姿を消していった。本稿では、開港から一世紀にわたって、港の変遷とともに生き、船内荷

（1） 本稿でとりあげる「門司港」は、前頁の地図に示した門司市に所在する門司港とその周辺地域である。
現在、港湾法上は、福岡県北九州市が管轄する「北九州港」と関門海峡対岸の「下関港」（山口県下関市が管轄）を総称した港湾が「関門港」として国際拠点港湾に指定されているほか、港則法上も、両者が「関門港」として特定港に指定されている。
なお、「北九州港」は、昭和三八（一九六三）年に、門司市、小倉市、若松市、八幡市、戸畑市の五市が合併して北九州市が発足した際に、旧五市の海岸線に所在した「門司港」、「小倉港」、「洞海港」が統合されたものである。

（2） 北九州市産業史・公害対策史・土木史編集委員会産業史部会編（一九九八）五八頁。

（3） 門司市史編集委員会編（一九六三）一二九頁。

（4） 朝吹（一九九五）一五八－一六〇、一六五頁、林（一九八三）五頁、『毎日新聞』昭和四七年三月一八日「関門海峡〈10〉おんな仲仕」。

今日の門司港から関門橋を望む（撮影：編集部）

役を担ってきた門司港の「女沖仲仕」にスポットを当て、その歴史を振り返ることにしたい(5)。

では、まず、女沖仲仕の職場である門司港はどのようにして生まれ、どのように発展していったかを見ることにしたい。

1　門司港の開港と急速な発展

「女仲仕」に関係する門司港の歴史を年表にまとめた（**表1**）。早速、門司港開港の歴史から見ることにしたい。

江戸時代、関門海峡の対岸にある下関（当時は赤間関(6)）が、北国から大坂、江戸に向かう北前船の寄港地として繁栄したのに対し、門司側は、海峡の東の出口付近にある田野浦という入江が、「風待ち、汐待ち」の港として補助的

(5)　現在、「仲仕」は「港湾荷役労働者」、「沖仲仕」は「船内荷役労働者」といわれる。

(6)　下関は、当時は「赤間関」（赤馬関とも書く）、あるいは「馬関」と呼ばれた。明治二二（一八八九）年の市町村制施行時に赤間関市となったが、明治三五（一九〇二）年に下関市と改称。なお、一九〇一年に山陽鉄道が神戸から開通した際には、現在の下関駅は馬関駅と称していた。

表１　門司港及び沖仲仕に関する主要な出来事

年	出来事	備考
明治 21（1888）	九州鉄道（株）創立	本社：博多
明治 22（1889）	門司築港（株）創立／門司港が特別輸出港に指定／筑豊興業鉄道会社創設	門司築港（株）の設立出願は明治 21 年 12 月／5 品目（米，麦，麦粉，石炭，硫黄）の輸出認可／筑豊から若松へ石炭を運搬する鉄道の敷設
明治 23（1890）	若松築港会社創業	
明治 24（1891）	門司駅開業／九州鉄道（株）の本社が門司に移転	門司から熊本まで九州鉄道が開通
明治 24 ～ 25（1891 ～ 92）	大阪商船，日本郵船，三井物産が出張所を開設	
明治 27 ～ 28（1894 ～ 95）	日清戦争	
明治 32（1899）	門司港が一般開港／明治屋が門司に進出	門司港の輸出制限撤廃
明治 34（1901）	八幡製鉄所操業	
明治 37 ～ 38（1904 ～ 05）	日露戦争	
明治 37（1904）	若松港が特別輸出入港に指定／門司港で台湾バナナを初移入	石炭，鉄材，鋼材の輸出及び鉄鉱石の輸入が可能に／バナナを中心とした果物の集積地へ
明治 40（1907）	第 1 種重要港湾指定	横浜，神戸，関門海峡，敦賀を第 1 種重要港湾に指定
大正 3 ～ 7（1914 ～ 18）	第 1 次世界大戦	
大正 10（1921）	日本郵船欧州航路寄港地として箱根丸寄港	
昭和 5（1930）	豪州航路氷川丸外貿岸壁に係留	
昭和 6（1931）	門司港修築工事完工	1 万トン級の船が 7 隻接岸できるようになった
昭和 7（1932）	大連航路定期船外貿岸壁係留開始	
昭和 12（1937）～	日中戦争	
昭和 16（1941）	港湾運送業等統制令／真珠湾攻撃，開戦	港湾荷役の国家統制（1 港 1 社制），「組」制度解消
昭和 17（1942）	関門鉄道トンネル開通	
昭和 20（1945）	終戦	
昭和 22（1947）	職業安定法	公共職業安定所による日雇労働者の職業紹介
昭和 24（1949）	関門港機雷掃海完了（安全宣言）／1 港 1 社制解体	
昭和 25（1950）	港湾法制定／朝鮮戦争／外貿岸壁及び背域施設を米軍接収	港湾の管理が国から地方へ
昭和 26（1951）	港湾運送事業法施行	
昭和 30 年代	洞海地区，小倉地区の港湾整備	港湾整備により，新日鉄，住金への大型船舶の直接入港が可能に
昭和 33（1958）	関門国道トンネル開通	
昭和 36 ～ 37（1961 ～ 62）	機械化	バケットの導入
昭和 40（1965）	港湾労働法（昭和 41.7 全面施行）	登録日雇労働者制，「アブレ賃」支給
昭和 40 年代後半	オイルショック／コンテナリゼーション	本船入港減少，機械化，コンテナ化
昭和 46（1971）	田野浦コンテナターミナル供用開始	
昭和 47（1972）	登録日雇労働者の第 1 次人員削減	人力での荷役の減少を受けて人員削減が開始
昭和 48（1973）	関門橋開通	
昭和 54（1979）	太刀浦コンテナターミナル供用開始	
昭和 63（1988）	新港湾労働法制定（昭和 64.1 施行）	日雇労働者の登録制度廃止，「アブレ賃」廃止
平成 12（2000）	新港湾労働法の一部改正	

出典：各種資料をもとに筆者作成

な役目を果たしただけで、明治維新後も、農漁業とわずかな製塩業で暮らす寒村であった。

門司港に転機が訪れたのは、明治二二（一八八九）年の特別輸出港の指定である。特別輸出港は、輸出振興を目的に、既存の開港場の不足を補うために設けられたもので、「特別輸出港規則」が制定され（明治二二年）、日本屈指の物産であった米、麦、石炭など特定の品目について、不開港の港の中から産地に近い適当な港を選んで、特別に、日本船または日本人雇い入れの外国船によって海外への輸出ができるようにしたものである。門司港は、明治二二年七月三〇日に特別輸出港に指定され、米、麦、麦粉、石炭、硫黄の五品目に限り、海外へ輸出ができるようになった（施行は同年一一月一五日）。このとき特別輸出港に指定されたのは、門司、四日市、博多、口ノ津、三角、小樽、下関、唐津、伏木の九港である。(7)

門司では、特別輸出港指定の動きを受けて、中央財界の有力者である渋沢栄一、大倉喜八郎、安田善次郎、浅野総一郎などから多額の資金を得て、明治二一年一二月に門司築港株式会社が設立され、(8)二二年三月から築港工事を始め、

（7）門司税関一〇〇周年記念誌編集委員会編（二〇〇九）一〇頁。

塩田を埋め立て、(9)埠頭を建設し、船溜まりを設置した（明治三〇年に全工事を竣工）。

港の整備より先に行われたのが鉄道の敷設である。(10)明治二一年八月に設立された九州鉄道株式会社によって敷設が進められていた鉄道は、明治二四年七月、門司‐熊本間が

（8）門司の海面埋め立ては、当初は地元の有志によって行われようとしていたが、安場保和福岡県令（県知事）の意向によって、地元有志の埋め立て申請は却下され、中央の財界人からの資金を得て設立された門司築港株式会社が築港工事を行うことになった。詳細は門司市役所編（一九三三）三五九‐三七三頁、高野江（一八九七）一一‐二四頁、米津編著（一九六四）一三八‐一四六頁、『毎日新聞』昭和四二年三月二〇日「明治百年 門司築港・前史」、堀（二〇一七）一八‐二五頁などを参照されたい。

（9）埋め立て地は、明治三〇年に区画整理され、町名を覚えやすいように、町名の最初の文字がいろは順になるよう、南から順に、祝町、露月町、羽衣町、賑町、宝来町、平安町と命名された。今村（二〇〇六）五、五一、五四、六五、六七、八三頁。

（10）「九州鉄道は實に門司港繁昌の第一要素にして是あるが為に築港の必要起り」（高野江（一八九七）二九頁）と述べられているように、港湾よりも先に鉄道の敷設が着手されていた。九州鉄道は、明治二一年六月に会社設立の許可を得、八月に工事に着手し、明治二四年に門司‐熊本間に鉄道が開通した。

開通した。これに先立って同年四月に、九州鉄道の起点として門司駅（現在の門司港駅）[11]が営業を開始し、九州鉄道株式会社の本社が、博多から門司に移転した。

鉄道敷設と港湾建設の背後にあったのは筑豊の石炭である。「鐵道は父たり築港は母たるの感なきにあらず然れども門司を以て活物とすれば彼四肢五体を運動せしむる血液は實に筑豊の石炭なり」[12]と言われ、「明治二十年代の九州は、京浜、阪神の中央工業地帯に対する動力資源としての石炭供給基地以外の何物でもな」く、「当時における北九州開発の根本問題は、石炭輸送のための海陸施設の整備にあつた」とされる[13]。

明治二四年には、筑豊の石炭を臨海部に輸送するために敷設された筑豊興業鉄道の直方−若松間が開通した。若松は、福岡県北部にある洞海湾[14]の入り口にあり、石炭産地の筑豊に近く、江戸時代から遠賀川系の水運を利用して石炭が若松に輸送されていた。若松港は、内湾であるため波も穏やかで小型船の艀の運航には適していたが、葦が生え水深が浅く、大型船の入港には不向きで、すぐには貿易港としては使えなかった[15]。

門司港は、塩田として使われていた遠浅の海面を埋め立てれば、沖合は水深があり、大型船が入港できる港が造成できた。また、門司は本州と九州の結節点であり、地理的な条件もよかったため、物流の要衝の地としても期待されたのであった。筑豊の石炭は、筑豊興業鉄道と九州鉄道を経由して門司へと直接陸送されるルートと、若松港から艀で門司港へ送られるルートの二つによって門司港に集積された。

（11） 門司港駅には、九州鉄道の起点を示す「ゼロ哩」の碑が建っている。現在の門司駅は、明治二四年の九州鉄道の開通時には大里駅として開業したが、関門鉄道トンネルが開通した際に（昭和一七（一九四二）年）、下関から九州へのルートが大里駅へと繋がれたため、九州の玄関口の駅名として大里駅は門司駅に改称され、門司駅は門司港駅に改称された。

（12） 高野江（一八九七）五三頁。

（13） 門司市役所経済部産業課編（一九五四）三頁。

（14） 福岡県の北の響灘から細長く内陸に伸びている、長さ一〇キロほどの湾。内陸まで奥深く洞穴のように伸びている海という意味で、別名「洞（くき）のうみ」といわれる。若松港は湾の入り口にある。若松の対岸に戸畑、八幡があり、後に、若松港、戸畑港、八幡港の三港を合わせて、洞海港として発展していくことになる。

（15） 門司税関一〇〇周年記念誌編集委員会編（二〇〇九）五頁。

左：明治22（1889）年，特別輸出港に指定されると，門司港は国際貿易港として一躍脚光を浴び，発展した（門司図書館提供）
右：1891年に開設された門司駅

明治二〇年代、門司港の特別輸出品五品目中、輸出のほとんどは石炭である（輸出先は、香港、上海、シンガポールなど）(16)。また、当時は船の燃料に石炭が使用されており、門司港は、石炭輸出のほかに、汽船への焚料炭（バンカー）の供給基地にもなった。

特に、明治二七～二八年の日清戦争の後は、戦勝景気に乗って門司には起業が相次ぎ、銀行も支店を開設、門司港の石炭輸出は急上昇し、明治二九年には、数量ベースでも金額ベースでも全国の三分の一を超え、三〇年には四割に達した(17)。このような状況から門司では、門司港の輸出制限を撤廃し、すべての品目が輸出入できる一般開港場への要求が高まった。活発な請願活動の結果、明治三二年、一般開港が実現した。門司港の石炭輸出のピークは明治三四年で、数量ベースで日本の六六％、金額ベースで六五％に及んだ(18)。

門司港の急速な発展をもたらした日清戦争は、門司港にもう一つの役割ももたらした。

(16) 高野江（一八九七）一〇六頁。
(17) 門司税関一〇〇周年記念誌編集委員会編（二〇〇九）二四頁。
(18) 同上。

明治二七年に日清戦争が勃発すると、門司港には軍艦が頻繁に往来し、門司には軍用列車で兵器が到着し、門司港から兵士が前線へと出征した。軍器製造所や火薬庫なども建設され、門司港は、軍港としての顔も合わせ持つようになったのである。

門司港だけでなく、北九州地域はこのころから変貌していった。日清戦争によってわが国は鉄の自国生産の必要性を強く認識した。明治政府は、洞海湾沿岸の八幡に官営製鉄所の建設を決定し、明治三四年に操業を開始した。これと前後して、若松港は水深を深くし、大型船が入港できるよう築港工事が行われた。このとき若松港では、港湾の浚渫だけでなく、陸上に石炭船用の高架桟橋の建設や、クレーンやホイストといった荷役装置の設置を行うなど、いち早く港湾の機械化を行った。そして明治三七年四月、若松港は特別輸出入港の指定を受け、石炭、鉄材、鋼材の輸出及び鉄鉱石の輸入を行うことができるようになった。若松港の開港後、石炭輸出は徐々に門司港から若松港にシフトしていった。

日露戦争（明治三七～三八年）は、アジアにおけるわが国の勢力を拡大し、貿易市場を開拓した。それにつれて門司港は石炭輸出港から一般貿易港へと転換を図っていった。この時期は、背後の北九州地域への企業進出が盛んに行われ、北九州工業地帯が形成された。門司港沿岸の大里地区にも、酒造、製粉、製塩、精糖、製鋼等の会社が立地し、臨海工業地帯が形成された。

門司港では、石炭に代わって、北九州に興ったセメント会社や製糖会社、紡績会社などの製品の輸出が多くなってくる。大正に入ると一位に躍り出るのは精糖である（明治三七年に鈴木商店が大里精糖所を開業し、四〇年に大日本精糖が買収）[19]。輸入物品は、紡績工場の原料綿、大日本精糖大里工場の原料糖、大里製粉所の原料小麦、農業肥料としての満州からの豆糟などが増大した。門司港は九州各地の産業発展を支える原料輸入・製品輸出港へと変貌した。なお、石炭輸出量は減少したが、船の燃料である焚料炭の供給は依然として続けられた。

港で、港湾荷役を担ったのが仲仕である。明治三六年の門司港の石炭仲仕は、男性五八四七人、女性三二八四人、合計九一三一人にのぼる[20]。では、仲仕とはどのような職業

(19) 北九州市開港百年史編さん委員会編（一九九〇）六七六頁。
(20) 北九州市産業史・公害対策史・土木史編集委員会産業史部会編（一九九八）五八頁。

なのか、詳しく見ていくことにしたい。

2　明治期の港湾荷役と女性の仲仕

開港直後の門司港に関する著書、高野江基太郎『門司港誌』（一八九七年）には、仲仕に関して次のように記されている（二一四頁）。

> 仲仕は石炭活動上欠ぐ可からざる機関の一たり彼等は下等の労働者として集散常なしと雖とも門司港に於ける彼等の総数は常に四五千人に下らず而して此集合力は整然として組合規約の下に支配され能く此輸出品を運搬して門司港の富源を養成せり彼等の生活は狭隘なる裏屋若しくは長屋等の一室に数十の同業者と相雑居し三五十人毎に小頭ありて之を支配し小頭は又仲仕人足請負業者に隷属して日々業務に従事せり

門司港が開港すると、兵庫、広島、大分、愛媛などから荷役業者が門司に移ってきた。当時の港湾荷役は、「組」とよばれる荷役業者が、船会社や荷主から請け負って行っていた。

「組」制度は、親方・子方関係の特殊な労務関係で、組のトップは「組頭」、組頭の下に「小頭」がおり、小頭の下に作業員である「仲仕」が従属していた。

荷役の請負は、組頭が一万斤（六トン）当たりいくらという形で請け負い（元請）、それを小頭に下請けに出し、小頭が傘下の仲仕を使って作業を行った。

仲仕には、小頭が提供する住居で生活する「部屋《じき》仲仕」と、その日その日の作業量に応じて小頭に雇われる「日稼《ひかせぎ》仲仕」の二通りがあった。部屋仲仕には、大部屋で小頭と寝起きを共にする独身の若者のほか、小屋住まいの世帯持ちもいたが、小頭の号令一下すぐに集まれるよう、近くにまとまって居住していた。部屋仲仕は、日々の食料品や日用品、銭湯代金にいたるまで、生活に必要な物品の一切を小頭が供給し、小頭は、彼等の賃金の中からそれらの経費として一定額を差し引いていた。

明治三一年の『門司新報』によれば、仲仕の賃金は、作業の種類によって一万斤当たり概ねいくらと決められていた（小頭の裁量もあった）が、組頭がその一割を取り、小頭が一割七分をとって、残りの七割三分が仲仕の手に渡されており[21]、支給金額はごくわずかだった。

仲仕は、本来の賃金から、組頭と小頭によって二割七分を中間搾取され、さらに小頭からかなりの額の日常生活費を源泉徴収されるわけであったが、部屋仲仕のメリットは、荷役作業がなく賃金を得られなくても住居と日常の生活が保証されたことと、日稼仲仕よりも優先的に仕事があったことである。[22]

当時の門司港全体の小頭の人数はおよそ一二〇人、それぞれの小頭は二五～五〇人の仲仕を擁しており、仲仕総数は四〇〇〇人を超えた。組の大半は小さな組であったが、大手の組では、[23]三〇〇～五〇〇人の仲仕を抱えていた。[24]仲仕の大半は市外からの流入者で、広島と愛媛出身が最も多く、香川、兵庫、大分と続いた。荷役業者を頼って門司にやってきたと考えられる。上記の『門司港誌』の記述からも窺えるように、仲仕の職業は、世間からはあまり評価されていなかった。

「組」制度は全国の港湾でも同様にあり、昭和一六年に発布された「港湾運送業等統制令」（昭和一三年の国家総動員法に基づく勅令）によって、港湾総動員体制のために港湾運送業が国家統制され、組が解散されるまで続いた。

門司港の仲仕は、「沖仲仕」が多いことが特徴である。沖合に停泊する本船に艀で石炭を運び、海上で積み込み作業を行ったのが「沖仲仕」、貯炭場から艀に積み込みを行うなど、陸上で行う作業を行ったのが「陸《おか》仲仕」である。

門司港は汽船の入港数が多く、同時入港も多かったこと、岸壁付近の水深が浅かったこと、潮流が速く接岸時の操縦が難しかったことなどの理由から、接岸を行わず沖合に停泊した汽船への沖積みを主とした。[25]同じ石炭積み出しを行った若松港と比べると、若松港はいち早く機械化が進んだのに対し、機械化が遅れた門司港は長く人力に頼った。

したがって、仲仕数は門司港のほうが格段に多く、また沖仲仕の数が多かったのである。

(21)『門司新報』明治三一年七月五日「門司名物石炭仲仕（中）」。『門司新報』は明治二五年創刊の日刊紙（日祝休刊）で、特に石炭と海事に関する記事が多く掲載されている貴重な史料である。昭和一三年廃刊。

(22) 仲仕の生活は困窮し、明治後期から大正にかけて賃上げ要求がおきる。本稿では紙幅の関係上触れないが、不破（一九七三）、（一九七五）などの先行研究がある。

(23) 磯部組、いろは組、自念組、石川組、堤組、秋吉組、松尾組などがあった。

(24)『門司新報』明治三一年七月三日「門司名物石炭仲仕（上）」。

(25) 鉄道院編（一九一六）八二二頁。

葛葉の貯炭場から艀まで，籠で石炭を運ぶ陸仲仕たち（門司図書館提供）

明治四一、二年ごろの仲仕数は、若松・戸畑港がおよそ一〇〇〇〇人であったのに対し、門司港では五九四七人を数えた。また、若松・戸畑港では、沖仲仕と陸仲仕は陸仲仕が若干多いくらいの数（明治四一年）であったのに対し、門司港では陸仲仕一五一〇人に対し沖仲仕二九一六人（明治四五年）と、沖積みという特徴を反映した構成比となっている。(26)

この沖仲仕の仕事の中で、関門の名物と言われたのが石炭荷役の「天狗取り」である。天狗取りは、艀から本船に向かってひな壇のように組み上げられた足場に仲仕が階段状に立ち、石炭を詰め込んだ炭籠を下から上へ順々にバケツリレーのように手渡しして積み込んでいく方法である。「天狗取り」とは、手から手へと次々受け渡して物を運ぶ「手繰り」が転じた言葉だという。艀から本船へと炭籠がベルトコンベアに乗ったように上がっていく様子に、外国船の乗客は驚きの声を上げたという。

ところで、「仲仕」のことを「ごんぞう」ということが多い。「ごんぞう」の名前の由来はこれまで種々の書物に述べられており、本書の著者である林えいだいも『海峡の

(26) 北九州市開港百年史編さん委員会編（一九九〇）八一頁。

女たち』（一九八三年）で、「権蔵」という力持ちで技術力も高い好男子の名前に由来すると紹介している。

しかし筆者が行ったインタビューで聞いた限りでは、門司の人は一様に、『ごんぞう』は若松で使われていた言葉で、門司では使わない」という。若松で聞いた限りでは、「ごんぞう」は石炭荷役が行われていた時代の言葉で、石炭仲仕のうちの陸仲仕を「ごんぞう」と言っていたということであった。[27]

では、ここで、女性の沖仲仕について詳しく見ていくことにしたい。

『門司新報』は、明治三一年七月一日と二日に、「婦人の石炭仲仕（門司の一名物）」と題する特集記事（上・下）を掲載している。「門司港特有の〔中略〕他に比類なき唯一の名物」として女性の石炭仲仕が紹介された。記事は次のように述べている。

婦女の職業も数多き中に石炭仲仕ほどの労働を為すものはなく亦た是れ程の賃金を得るものもなし大抵婦人の職業と謂へば小奇麗なる手先き仕事を多しとすれど石炭仲仕に限りては労働の時間程度男子に劣らざるものあり従て賃金も亦普通の職業の二倍許に相当せり

（傍点は原文ママ）

天狗取りと並んで「女仲仕」も関門の名物であった。『門司新報』によれば、このころの女性の石炭仲仕は五〇〇人を超えており、年齢は一二、三歳～五〇歳で、夫や親が石炭仲仕をしていて、一緒に働くようになったケースが多く、夫婦親子共働きであった。

荷役は一般に、「口（ギャング）」という編成チームで行われ、一ギャングには一人の小頭がついて仲仕を率いた。門司港では、一ギャングは船の大きさによって二〇～五〇人で編成され、そのうち五人ほどが女性の仲仕だったということである。女性の仲仕が行う作業は、「入鍬《いれくわ》」、「甲板スラシ」、「ウツシ」、「籠回し」といったものであった。

入鍬：石炭をスコップやガン爪でバイスケに盛り入れる作業。

甲板スラシ：本船の甲板上に敷かれた板の上を、炭籠をすべらせて運ぶ作業。

ウツシ：スラシ方から炭籠を受けとって、船内の炭庫にうつす作業。

（27） 松本（二〇一四）三四頁も参照されたい。

昭和25（1950）年ごろの天狗取りの様子（脇勝氏提供）

籠回し：空になった炭籠を取りまとめて、艀に投げ返す作業。

「バイスケ」とは、炭を入れる竹籠（バスケットが転じたもの）、「ガン爪」は熊手状の三本あるいは四本の鉄の爪がついた鍬で、雁の爪に似ていることからこの名前がある。これらの道具はすべて、毎日、小頭が親方から借り受け、仲仕に貸与された。

賃金に関して、当時、男性の仲仕は、労働時間や労働内容にもよるが、「日によりて一圓五六拾錢に當る事あり又た時としては一日二十五錢を超へざる事もあり」とされ、「一ヶ月に平均十五日を働くものとして其の賃錢一日平均四十五錢に當り一ヶ月を通して十三圓を下らざる可し」[(28)]とある。一方女性は、「一日金二十七八錢より下らず四十五錢位を最極度となし殆んど男子の賃金六歩内外の割合に當れり」[(29)]とある。女性仲仕の賃金は男性仲仕のおよそ六割であった。ちなみに、明治四三年に国鉄に就職した一五歳男子の初任給は日給三〇銭とある。[(30)]女性の仲仕の賃金は、男子駅員の初任給よりも少し高かったようであるが、普通の女性の賃金はその半分である。明治時代の女性の賃金がいかに低いかが分かる。

また、「石炭仲仕の如き勞働社界《ママ》に婦女子を用ふるの有利なるは第一男子よりも仕事に依りて緻密なる事、第二男子に比して賃錢の低き事等其の尤も重なる利益なり」とされている。波の荒い関門海峡の船内で行う沖仲仕の仕事は重労働で、陸の仲仕よりも沖仲仕の方が熟練の技術を要した。しかも、女性は緻密な仕事をすると仕事ぶりは評価されているにもかかわらず、女性を雇用する一番のメリットは賃金が安いからであるとされる。女性が労働界でどのような位置づけにあったかが窺える。

仲仕は賃金をみな酒代に使ってしまうので、小頭や親方が貯金を奨励したようであるが、女性の仲仕は、男性よりも始末がよく、多少の貯蓄をする人もいたということである。

ちなみに、門司には「角打《かくう》ち」のできる酒屋が多い。「角打ち」は酒の立ち飲みができるところであるが、飲食店ではなく、客が買った酒をその場で飲むことができるよう場所を提供している酒の小売店である。酒のつまみも、客が店頭で売られているするめなどの商品を購入してそれをつ

(28)『門司新報』明治三一年七月五日。
(29)『門司新報』明治三一年七月二日。
(30) 野畑（一九八七）三－四頁。野畑彦藏本人の国鉄門司港駅就職時の辞令。

まむ。仲仕にとって「角打ち」は、安く酒が飲める憩いの場所であった。

また、仲仕と関係の深いもので、門司に多かったものが銭湯である。仲仕の住む納屋には風呂がなく、みな銭湯を利用した。何千人もの仲仕が居住した門司には銭湯は欠かせないものであった。

ここで、女沖仲仕がどのようにして生まれたかを小括したい。門司港が開港し石炭の輸出が始まると、荷役業者が門司に集まって来、それら業者を頼って大勢の仲仕も集まってきた。そして、その妻や娘も仲仕として働くようになったのである。門司港は急速に発展し、荷役の量も増えたので、仲仕の仕事も多く、女性は仕事が丁寧でかつ賃金が安かったので、多くの女仲仕が生まれたのであった。

そして、門司港は、その後も繁栄を続けていった。では、再び門司港の歴史に戻って、明治末期から大正、昭和初期にかけての歴史を見ることにしたい。

3　明治末から昭和初期の門司港の繁栄

日清・日露戦争後、門司港は、石炭輸出港から一般貿易港へと転換を図っていったが、国の港湾政策にも変化が見られた。わが国は、両戦争の勝利に伴う重工業の発展やアジアへの勢力拡大に伴い、港湾での取扱貨物が激増した。また、世界にわたって航路が伸長し、外洋航行の船舶も大型化した。そのため政府は、新しい状況に対応できる港湾整備を行うために、全国の港湾の調査をもとに港の格付けを行った。その結果、門司港は、明治四〇年に、下関港を含む「関門海峡」として第一種重要港湾に指定された。[31]日露戦争後、日本が満州市場へ進出したことによって脚光を浴びたものであり、[32]この重要港湾指定によって、門司港は国の手で港湾整備が行われることになった。明治四三年、内務省直轄の関門海峡第一期改良工事が着工、[33]これが、門司港で施工された初めての国の事業であった。昭和六年には、大正八年から行われていた国の第二期工事が竣工し、[34]

(31)　第一種重要港湾の指定は、横浜、神戸、敦賀（ウラジオストクとの連絡港として）、関門海峡の四港。小林（一九九九）六三－六五頁参照。
(32)　同上、六四頁。
(33)　運輸省第四港湾建設局北九州港工事事務所（一九八八）五頁。
(34)　第一期工事では「僅かに港湾の形態を具備したものの、接岸、係船、荷役の設備については見るべくもなく、年々増加しつつある輸出入貨物の殆どは、沖荷役に頼らなければならない実情

一万トン級の船が七隻接岸できるようになった。そして、翌七年には、大連航路定期船の外貿岸壁係留が開始された。

この時期の門司港の特筆すべきことは、大型客船が寄港するようになったことである。初入港は大正一〇（一九二一）年一一月で、当時としては日本最高といわれた日本郵船の箱根丸が門司港で一夜を明かした。このときは、一五〇人の沖仲仕が徹夜で一〇〇〇トンの焚料炭を積み込んだという。

門司港は、欧州航路、豪州航路、台湾航路、天津航路、上海航路、大連航路などの寄港地となり、国際航路の西の玄関口となった。昭和六年当時、門司港に寄港する内国・外国船の航路は約五〇線となり、一ヶ月に二〇〇隻近い外航客船が入港したようである[35]（**表2・表3**）

このころが門司港の絶頂期で、北九州工業地帯も教科書で紹介されるようになった。

この時期の、もう一つ特筆すべきことは、果物の輸移出入の増加である。その大半は台湾産バナナで、門司には明

にあった。このため、荷役費の軽減、荷捌の敏活、急激な潮流に対する保安等のほか、海陸連絡施設の築造を目的として施工されたものである」。同上、七頁。

（35）中山編（一九六一）一四一－一四三頁。

大正から昭和にかけての時代，門司港は国際航路の西の玄関口となり，大型客船が続々と寄港した（門司図書館提供）

表２　入港汽船隻数及びトン数の比較（単位：隻・1,000 トン）

年	門司		神戸		大阪		横浜	
	入港隻数	トン数	入港隻数	トン数	入港隻数	トン数	入港隻数	トン数
明治 43（1910）	8,190	15,962	18,887	18,042	19,755	3,086	5,862	5,911
大正 3（1914）	12,184	21,918	16,332	15,590	9,508	3,722	5,205	8,236
大正 10（1921）	8,331	17,958	15,710	13,006	10,902	5,871	6,598	15,290
昭和 10（1935）	118,763	31,795	30,319	29,444	23,892	21,517	28,460	16,736

出典：門司市役所経済部産業課編（1954）p.20「今次大戦前におけるわが国代表港港勢（入港汽船隻数, 噸数）比較」の表から抜粋

表３　外国貿易船の入港隻数及び貿易額（単位：隻・100 万円・％）

年	門司						神戸						大阪						横浜					
	入港		輸出額		輸入額		入港		輸出額		輸入額		入港		輸出額		輸入額		入港		輸出		輸入	
	隻数	割合	額	割合	額	割合	隻数	割合	額	割合	額	割合	隻数	割合	額	割合	額	割合	隻数	割合	額	割合	額	割合
大正 9（1920）	2,862	—	47	2.4	79	3.4	3,267	—	519	27.6	1,128	48.0	708	—	472	24.2	186	8.5	1,616	—	766	39.3	710	30.4
大正 13（1924）	2,483	—	28	1.6	92	3.7	3,508	—	580	32.1	1,177	48.0	1,729	—	402	22.3	273	11.1	2,044	—	672	37.2	636	25.9
昭和 2（1927）	2,676	15.7	37	1.9	82	3.8	4,136	24.3	706	35.4	966	44.3	1,997	11.7	363	18.2	265	12.2	2,448	14.4	749	37.6	575	26.4
昭和 13（1938）	3,117	17.5	89	3.3	175	6.6	3,603	20.3	774	28.7	760	26.5	2,580	14.5	795	29.5	519	20.4	2,392	13.5	681	25.3	878	32.9

出典：門司市役所経済部産業課編（1954）p.21「第一次大戦以降今次大戦前におけるわが国主要港外国貿易船入港隻数及び貿易額」の表から抜粋

治三七（一九〇四）年に初めて移入されている[36]。日清戦争後、下関条約で台湾が日本の領土となっていたこと、門司港が台湾と地理的に近いということから、台湾産バナナが大量に門司に荷揚げされた。台湾バナナの移出入額は、大正二年の移入一四万円、移出八万円が、大正六年には移入四一万円、移出三二万円と急上昇し、パイナップルや文旦等も多く入荷し、門司は果物の中継ぎ港となった。門司市内には果物問屋のほか多数の小売店、露天行商があって、バナナの中継ぎや小売りを行った。

余談であるが、門司には、仲仕の暮らしとは別の「ハイカラ」な世界があった。それは、門司港に進出した商社や銀行の支店長など、東京からの転勤族がもたらした西洋風の世界である。海外の文化を知る人も多く、洋酒や缶詰などの洋食品を販売する明治屋が、明治三二年に出張店を開設、翌三三年には支店を新築オープンしている[37]。また、門司港は果物の一大集散地であったことから、フルーツパーラーやカフェもあった。パン屋も数軒あり、メロンパンの原型のキングパンが明治期に発売されている。筑豊の石炭王・伊藤伝右衛門の妻となった柳原白蓮が、門司港のパンを取り寄せていたという話もある。大正一一（一九二二年）に物理学者のアインシュタインが講演旅行で来日した際に、福岡県では博多と門司港に宿泊したが、当時博多にパン屋がなく、旅館の従業員が門司港までパンを買いにきたとも される[38]。

港は水辺の巷といわれるが、門司港はさまざまな人々の生活の場であった。

しかし、昭和六年に満州事変が勃発、そのころからわが国は戦争への道を進むことになる。

4　戦中戦後の門司港

昭和一二年に日中戦争が始まり、戦局が太平洋戦争に拡大しようとする昭和一六年、港湾運送の総力を最も有効に発揮するために、国家総動員法（昭和一三年制定）に基づく「港湾運送業等統制令」が公布された。さらに、統制令

(36)　北九州市産業史・公害対策史・土木史編集委員会産業史部会編（一九九八）六〇－六一、二七八頁。

(37)　同上、五一、二七五頁。

(38)　博多では日本旅館「栄屋」に宿泊し、門司港では、大正一〇年に三井物産の宿泊施設・社交倶楽部として建設された三井倶楽部に宿泊した。

上：モダンなたたずまいの旧門司税関（1912年建設の二代目庁舎を復元したもの）
中左：門司港駅近くに建つ「バナナの叩き売り発祥の地」の碑
中右：旧門司三井倶楽部。アインシュタインが宿泊した2階の部屋を見学することができる
下：地域随一の料亭として栄えた三宜楼。満州事変勃発と同じ昭和6（1931）年に建てられた
（撮影：編集部）

を具体化する「港湾運送業統制方針要綱」が公表され、主要港の港運業が一港一社とすることとされた。そのため、門司港では昭和一七年一二月、関門の港運業者が統合して関門港運株式会社が設立され、その子会社として船内荷役を行う関門船舶荷役会社が設立され、この二つの協力団体として、沿岸荷役業者の関門沿岸荷役統制組合が組織された[39]。これによってこれまで港湾荷役を請け負っていた「組」は解散された。

沖荷役を行う関門船舶荷役会社には小頭と部屋仲仕の一部が入社した。このときに入社した沖仲仕は一〇〇人前後ということであり[40]、多くの仲仕が日雇仲仕になったものと考えられる。常傭の沖仲仕で不足するところは日雇仲仕を雇った。関門船舶荷役会社が独自に手配師を抱え、不足する沖仲仕の補充を彼らにまかせた。

(39) 船内荷役作業は直営を原則とするが、港の実情に応じて子会社を結成して下請けをさせてもよい、沿岸荷役作業に関しては直営または業者の統制組合の結成など実情に応じて統制措置を講じることとされた。北九州市開港百年史編さん委員会編（一九九〇）一三七‐一四〇頁。

(40) 林（一九八三）一二五頁、北九州市開港百年史編さん委員会編（一九九〇）一四〇頁。

太平洋戦争に突入すると、門司港は再び、軍用船に対する焚料炭補給や、軍事物資輸送を行う兵站基地となった。多くの兵士や軍馬が門司港から中国大陸や南方戦線へと出港した[41]。港内はいつも軍船で満港であったが、青壮年の男性がほとんど出征したために港湾荷役は極度の労働力不足をきたした。こうした労働力不足を補うために、捕虜と外国人労働者が配置された[42]。

戦時中、女性の仲仕も多数、荷役に携わっていたことは言うまでもない[43]。戦争中は港湾荷役に限らず、出征した男性に代わって多くの仕事を女性が担った。そして、戦後男性が復員してくると、多くの女性が職を失ったのである。

門司港が日本軍の輸送基地として大きな役割を果たしていることを知ったアメリカ軍は、機雷による海峡の封鎖と門司の焼夷弾攻撃を行った。関門海峡には数千発の機雷が

(41) 軍馬として出征した農耕馬に日本最後の水を飲ませるために、門司市畜産組合が作った水飲み場の一つが、門司警察署レトロ警察官詰所横に移設保存されている。

(42) 野畑（一九八七）一七‐一九頁、北九州市開港百年史編さん委員会編（一九九〇）一四〇頁、林（一九八三）一二七‐一四九頁を参照されたい。

(43) 林（一九八三）一三四‐一四九頁。

投下され、門司市街は九回の空襲を受けている。昭和二〇年七月の空襲では、門司港の港湾施設が焼失し、関門海峡の機雷封鎖とあわせて、港の機能は事実上停止した。そして終戦を迎えるが、被災した港湾施設の復旧や機雷の掃海など、港の復旧には多くの障害を乗り越えなければならなかった。最も大きな障害は機雷で、日本に投下された機雷およそ一万七〇〇〇個のうち四六〇〇個が関門海峡に投下されたとされる。

昭和二〇年一〇月から始められた機雷の掃海作業が二四年九月に完了、一〇月に安全宣言が出され、門司港は国際貿易港として再出発することになった。ところがその矢先、翌二五（一九五〇）年に朝鮮戦争が勃発し、門司港は、今度はアメリカ軍の軍需輸送基地となった。中枢施設の外貿関係施設のうち、民間所有以外の施設がすべて接収され、アメリカ軍の将兵が駐留した。そして、アメリカ軍兵士が門司港から朝鮮半島の最前線へと出港していった。

アメリカ軍による接収は昭和二七年以降徐々に解除されていくが、全面解除は昭和四七年まで待たねばならなかった。長期にわたってアメリカ軍が接収したため、門司市は、明治以来使用されてきた西海岸の埠頭から数キロ瀬戸内海側にある田野浦の港湾整備を始めた(44)（昭和四〇年完成）。田野浦は、江戸時代、北前船の「風待ち、汐待ち」に利用された港である。田野浦埠頭はその後セメント専用埠頭、バナナ埠頭など専用埠頭化を図った。またその後、田野浦の東に位置する太刀浦に大規模なコンテナターミナルが建設されることになる（昭和五五年供用開始）。

戦後は、仲仕たちを取り巻く労働環境も大きく変わっていった。では、その変化を見ることにしたい。

5　沖仲仕をめぐる戦後の労働環境の変化

仲仕を取り巻く戦後の労働環境の変化を時系列で見ていくことにしたい。

まず、公共職業安定所による日雇労働者の職業紹介が始まったことがあげられる。昭和二二年、職業安定法が制定され、以前の組制度のような労働者供給事業が禁止され、日雇労働者は公共職業安定所（職安）を通じて職を紹介されることが定められた。日雇労働者は職安に登録され、港運会社の求人に応じて職安が仕事を紹介するという仕組みとなった。しかし、港湾荷役の独特な手配に不慣れな職安

(44)　北九州市開港百年史編さん委員会編（一九九〇）一五七頁。

の職員では職業紹介は不可能で、実際は、関門船舶荷役会社の手配師を職安の嘱託にして手配をまかせ、職安の職員は現場に立ち会うだけであった。求人申込書やこれに対する紹介票の処理も事後的にされていたとも言われる(45)。

職安の職業紹介に関しては、その後も紆余曲折をたどることになる。

次に起きたのは、戦時中の一港一社制で設立された門司港運株式会社と関門船舶荷役会社及び関門沿岸荷役統制組合の解体である。

敗戦直後の門司港（門司図書館提供）

(45) 門司市役所経済部産業課編（一九五四）二三七頁。

昭和二一年、ＧＨＱは、反独占政策の一環として港湾運送業等統制令を失効させていたが、二三年に「港運会社等の規制の件」の覚書を発し、門司港運株式会社など六大港の一四社を指定して業務を制限した。そして、二四年には「制限ステベ会社に関する件」（ステベはstevedoreの略）の指示を出し、制限会社の指定を受けていないステベ会社（船内荷役会社）についても解散または再編をさせるよう日本政府に働きかけた。その結果、昭和二四年、関門港運株式会社と関門船舶荷役会社は解体を余儀なくされた(46)。

関門船舶荷役会社に所属していた沖仲仕（常傭二六三人、日雇約一〇〇〇人）は、二四年末から二五年四月にかけて設立された六つの新会社に順次移って行き、一部は縮小された関門船舶荷役会社に残った（結局七社に分割された）。分割後の七つの船内荷役会社に直傭となった沖仲仕は、男性二七二人、女性六五人の計三三七人となっている(47)。また、関門沿岸荷役統制組合の解散後は、二〇社に八三八人が直傭されている(48)。

(46) 北九州市開港百年史編さん委員会編（一九九〇）一五一―一五四頁。

(47) 門司市役所経済部産業課編（一九五四）二三四頁。

そして昭和二六年に港湾運送事業法が制定され、港湾運送事業を営もうとする者は、一般港湾運送、船内荷役、沿岸荷役、艀運送といった業種ごとに運輸大臣の許可を受けなければならないとされた。二六年末時点の港湾運送事業法に基づく登録事業所は四九社、常傭の労働者は一九四二人であった(49)。

このようにして、門司港の常傭労働者は、それぞれの会社に所属し定着したが、仲仕の多くは日雇労働者であった。日雇労働者に関しては、昭和二五年四月に、関門港湾船内荷役労務者(50)登録委員会及び関門港湾沿岸荷役労働者運営委員会（両者とも構成メンバーは、門司職安、門司海運局、荷役業者、労働組合）が設置され、各労働者の資格審査を行った上で港湾労働者となることができるという仕組みになった。最初の登録人員は、船内荷役労働者五三三人（男性三九八人、女性一三五人）、沿岸荷役労働者一一八三人（男性七八二人、女性四〇一人）の、合計一七一六人であった(51)。

そして、この登録にあたっては、格付けが行われた。船内荷役労働者（沖仲仕）は、(船)と(沖)に区分された。(船)と(沖)とでは、(船)の方がランクが上で、(沖)よりも優先的に仕事が回された。(船)はさらに、雑貨、撒物《ばらもの》、石炭、針女《はりや》(52)と、技能別（甲板上から指示を送るデッキマン、荷物をつり上げる起重機を操作するウィンチマン）に区分格付けされた。沿岸荷役労働者は(沿)で、(沿)はさらに、重量物運搬、梱包、針女、特技、軍貨、一般の六種に区分された。この区分格付けは、毎日の職業紹介の基準となり、賃金も異なった。船内荷役と沿岸荷役では、船内荷役の方が熟練労働者であり、格付けが上であった(53)。

---

(48)　これは倉庫を含む沿岸関係荷役に従事した者の数である。門司市役所経済部産業課編（一九五四）二三四頁。

(49)　同上、二三五頁。なお、翌昭和二七年の資料では、常傭の荷役従事者は、沖仲仕三九六人、沿岸仲仕六二五人、倉庫仲仕一三一人の計一一五一人となっている（門司市役所編〔一九五二〕七頁）。

(50)　「労務者」は、現在では差別表現とみなされることがあるが、組織名等の固有名詞として、また文献資料で用いられている場合はそのままとした。

(51)　門司市役所経済部産業課編（一九五四）二三六頁。

(52)　林は本書および『海峡の女たち』（一九八三）で、「針」の一字を「はりや」と読ませているが、門司市役所経済部産業課編（一九五四）、同（一九五五）や港湾関係者とのインタビューでは「針女」が使われていたので、本稿でもこれを踏襲する。

昭和25（1950）年，朝鮮戦争が勃発すると，軍需景気で門司港も活況を呈した。沖での荷役も，2，3日続けてオールナイということがめずらしくなかった（脇勝氏提供）

(船)の雑貨、撒物、石炭の区別は、作業する荷物が区別されることで、雑貨組と撒物組の仲仕が区別されていった。撒物は埃や夾雑物も多く、荷役に就けば汚れることもあるので、汚い作業と思われるようになり、雑貨組は撒物荷役を避けることもあった。日雇間での階層意識も生まれたようである。

　日雇は常傭に比べて労働災害の罹災率も高く、日雇労働者の権利を守るために船内関係者だけの労働組合をつくる運動が起こり、昭和二五年五月、全港湾関門支部マル船部会が発足した。関門支部は、常傭、日雇の区別なく一本化された強力な組織となった。

　さて、これまで、会社直傭の常傭労働者と日雇労働者について見てきたが、実は、日雇以外にも「非正規」の労働者がいた。次の表は、門司労働基準監督署作成の資料をもとに門司市役所が作成した昭和二八年六月時点の港湾荷役の実態を示したものである（**表4**）。

　表中の「直《じき》労務者」と「準常傭」が日雇以外の非正規である。この両者は「指名労務者」と言われ、非正規のうちでも会社の専属で、日々雇用でも優先権があり、毎日就労

---

(53)　門司市役所経済部産業課編（一九五四）二三七頁。

できた。つまり、非正規労働者の中に、直労務者－準常傭－日雇という段階的区分があったのである。日雇はさらに区分され、沖仲仕を例にとると、常傭－直労務者－準常傭－(船)－(沖)という構造の中で仕事と賃金が配分されていた。「大体臨時労働者にかかる階層を設けるのは、熟練労働力の確保という技術的条件にもよるが、以前の常傭労働者のうち『企業合理化』のために整理されたものが指名労務者という形を取っているものが多い。即ち資本の費用節約の結果なのである。〔中略〕〔こうしたことから、日雇労働者の〕労働配置においてこれを安定所に委ねることができず、ステベ業者の班長が臨時労働者を直接募集する必要が生ずる所以がある」のであった(54)。

実際、昭和二八年七月からは、職安の紹介業務が廃止になり、荷役業者が店頭で募集することが認められるようになった。職業安定法による労働者供給事業の禁止は、戦前の組制度のような重層的な下請による中間搾取と「労働ボス」を排除するためであったが、実質的には以前の労務供

(54) 門司市役所経済部産業課編（一九五四）二三八頁。日雇で勤務成績のよい者は、常傭になることもあったという（筆者のインタビューによる）。

表4　昭和28(1953)年6月現在の荷役労務者数（門司労働基準監督署資料）（単位：人）

区分		沖荷役	沿岸荷役	艀労務者	曳船労務者	検数員	その他	合計
事業場数		10	26	18	18	4	—	—
常傭		362	479	613	139	150	536	2,279
臨時	直労務者	93	655	—	—	—	—	748
	準常傭	584	—	—	—	—	—	584
	小計	677	655	—	—	—	—	1,322
	日雇	1,700		—	—	—	—	1,700
計		3,873		613	139	150	536	5,311

出典：門司市役所経済部産業課編（1954）p.233の表をそのまま転載

給業の再開と同じことになった。会社の専属の「直」にならない限り、仕事をもらえるかどうかは、労働者個人の技能ではなく、会社の手配師（「面着係《めんちゃく》」と呼ばれた）のさじ加減一つ、つまり、面着係との親交や好き嫌いで就労が決められた。女性の日雇に対して性的な関係を要求することもあったようである。この弊害が大きくなるにつれて問題化し、昭和三六年、再び職安紹介に戻された(55)。

そして、昭和四〇年、労働行政上の画期的な法といわれる港湾労働法が成立し、四一年七月から全面施行された。同法の目的は、港湾運送に必要な労働力を確保するとともに、港湾労働者の雇用の安定と福祉を増進することで、日雇港湾労働者に関しては、六大港において毎年、労働大臣が定める港湾雇用調整計画によって定数が決定され、その範囲内で職安が日雇港湾労働者を登録することとされた。日雇労働者には日雇港湾労働者登録票が交付され、港湾運送事業に従事する際には登録票を携帯することが義務づけられた。また、職安の紹介を受けた者でなければ業務に従事できないことになった（ただし、企業が求人申し込みをしたにもかかわらず紹介を受けることができなかった場合は直接雇用を認めた）。また、登録された日雇労働者が職安に出向いたものの仕事につけない場合は、雇用調整手当（いわゆる「アブレ賃」）が支給された。

六大港には、港湾労働専門の公共職業安定所が設置され、門司港には、門司港労働公共職業安定所がおかれた（職業安定法施行規則別表第1）。

登録制の実施により、門司港では日雇仲仕は、男性三七五人、女性二五四人（計六二九人）が登録された。五年後の昭和四六年には男性四〇〇人、女性三〇〇人（計七〇〇人）が登録されている(56)。女性が四割を超えていることに注目したい。

では、戦後の労働環境の変化の中で、女沖仲仕の仕事や生活はどのような状況であったか、昭和三〇～四〇年代を中心に見ていくことにしたい(57)。

(55) 林（一九八三）二一五-二一八頁。

(56) 同上、二八二頁。『毎日新聞』昭和四七年三月一八日の特集記事「関門海峡〈10〉おんな仲仕」では、その当時の沖仲仕の登録数は一六五人とある。

(57) 以下、主に林（一九八三）、『毎日新聞』昭和四七年三月一八日「関門海峡〈10〉おんな仲仕」、並びに筆者が平成二九年一一～一二月に港湾関係者に行ったインタビューによる。

6　昭和三〇～四〇年代の女沖仲仕の仕事と暮らし

これまでに述べたように、港湾荷役は日雇労働者に対する依存度が高く、女沖仲仕のほとんどはこの日雇労働者であった。

女仲仕の一日は早朝から始まる。家族の朝食の支度を済ませると五時半には職安に到着した。職安で仕事がもらえると身支度をして荷役道具を受け取り、ギャング（荷役作業のチーム）ごとにサンパン（仲仕を運ぶ小さな船）に乗り、朝八時のサイレンとともに、沖の本船に向かった。

女仲仕の仕事は、「撒物」の「モッコ取り」の「入鍬」か、袋物の「針女」の仕事がほとんどであった。「撒物」とは穀類や大豆、鉱石など、粒や粉のまま包装しないで積み込まれた貨物（bulk cargo）で、「モッコ取り」とは、これらを巨大な網や布（これらを「モッコ」という）にすくい入れ、フックをかけて起重機でつり上げて運ぶ作業である。「針女」は、モッコの修理や袋物の破れた袋の繕いをする作業である。

モッコ取りは、一ギャングに概ね四つのモッコを使って、船倉の四か所に広げ、入鍬がスコップ等ですくい入れたモッコを「ホコ取り（フック取り）」が順番にフックにつるし、ウィンチで甲板へと引き揚げて運ぶ荷役である。

ギャングは積荷の種類によって、さまざまに編成されたが、筆者が聞き取った穀類の例では、一つのモッコに六人程度の入鍬がつき、機械操作などが四～五人（フック取り一人、ウィンチマン二人、デッキマン一人、艀一人）で、一ギャング三〇人程度で構成された。二ギャングで作業を行い、一日およそ七〇〇トン（三〇〇～三五〇トン×二ギャング）を処理し、一週間ほどかかって荷役を終えた。

入鍬は明治時代から女性が従事してきた仕事で、男性よりも女性が重宝された。モッコ取り荷役が始まったころは、一モッコに三人ほどの男の入鍬がいたが、そのうちに男たちが激しい労働について行けず、最後は女の入鍬ばかりになった。女性は持久力があり、段取りなど要領がよかったという。

女性たちは、モッコがウィンチでつり上げられている間に、モッコの大きさの穴を掘る。空になって戻ってきたモッコはこの穴にそって広げられ、女性たちは、一段高いまわりの麦をスコップでこのくぼみの中に投げ込んだ。投げ落とすことで体力を使わなくてすみ、作業の時間も短くてすむうえ、自分たちのモッコがつり上げられる順番が来るまで体を休めることもできたという。

しかし、船倉内の作業環境は健康的であるとは言い難かった。

当時の港湾荷役の料金表を見ると、撒物は石炭、鉄鉱石、小麦などの穀類、肥料、塩化カリウム、ピッチコークスなどさまざまである。[58]石炭の中でも粉炭は、多量の粉じんが舞う中での作業となる。小麦の荷役では、あらかじめ厚化粧をして顔や首を防御しておかないと、小麦の棘が皮膚に刺さり、ちくちく痛んでその夜は眠れなかったという。また、防腐剤や化学薬品を使った積荷やピッチコークスの荷役をすると、顔が腫れたり体を壊したりしたという。ピッチコークスは、アルミニウム精製に必要な原料である。高度経済成長期、大気汚染に悩まされた北九州では、昭和三〇～四〇年代に婦人会が「青空がほしい」をスローガンに公害反対運動を行った。この運動が起こった、最も公害の激しかった地区が、ピッチコークス工場の周辺であった。[59]

カリ荷役など、「荷筋が悪い」ときは、女性の仲仕が大挙して「生理休暇」をとったこともあるという。[60]適切な休暇申請ではないが、当時の労働環境を考えれば、彼女たちにとって身を守る唯一の手段だったかもしれない。

ところで、筆者の荷役のインタビューで必ず話題になったのが、ものがまだ十分でなかった時代の砂糖荷役である。女性仲仕が最もうれしく思った積荷が砂糖であった。なぜなら砂糖はこっそりと持ち帰りができたからであった。空になった弁当箱に入れたり、袋に入れて腰に巻きつけたりして持ち帰った。男性の入鉄も砂糖の荷役の日は特別のいでたちをした。ズボンを二重にはき、足首をひもで縛った。そして、上にはいたズボンのポケットの底を抜いていた。砂糖をつかんでポケットに入れるとそのまま二つのズボンの間に入り込む仕掛けである。ズボンの足は重かったが、心は軽く家路についたということである。

しかしながら、彼女たちの労働はきつかった。労働基準法で女性の深夜業は禁止されていたが、滞船時間を短縮するため限られた時間内での作業を要求される荷役の特殊性から、「オールナイ」（オールナイト）もあった。昭和二七年の資料によれば、荷役料金表には、積荷の種別ごとに必要な所要人員と料金が、八時間労働の場合はいくら、二四

(58) 岡倉編（一九五五）二七〇－二七一頁。
(59) 詳細は神崎（二〇一七）を参照されたい。
(60) 林（一九八三）二八七－二九二頁。

時間労働の場合はいくらと提示されており、オールナイトは所与として行われており、女性も入鍬作業を行っていた(61)。サンパンの発着場近くには、早朝から営業を始める定食屋があった。「オールナイ一日に一キロ痩せる」といわれるほど厳しい労働であったが、オールナイトは賃金が高く、仲仕から歓迎される面もあった。労働組合が時間外労働反対運動をしようとして、時間外反対をしても実収入が下がれば意味がないと内部から反対の声が上がったという(62)。昭和三五、六年ごろから、労組のマル船部会が、男女差別賃金の撤廃や長時間労働の短縮などの運動を行い、努力が実って女子の深夜労働が徐々に消えていった。それと同時に、女仲仕の職場もだんだん狭まっていった(63)。

上述のように、沖仲仕の仕事は海上の仕事であり、二四時間労働や、船から船へと転船しながらの作業も多かったため、いつも危険と隣り合わせであった。冬のしける海では、本船に上がるための縄梯子に水しぶきがかかって凍りつく。滑って足を踏み外し、海中に転落する事故もあった。

(61) 門司市役所編（一九五二）八頁。
(62) 林（一九八三）二四〇頁。
(63) 同上。

また、船倉は深く、数十メートルもあった。つり上げた積荷が落ちてくることもあった。死亡事故に至らないまでも、骨折などの事故は多かった。「けがと弁当は仲仕持ち」といわれ、けがをしても、失職を恐れて、けがを隠すこともあったようである(64)。門司には昭和三〇年に労災病院が設置されている。

女性の仲仕は、このような「きつい」、「汚い」、「危険」な仕事をする一方で、家庭では「主婦」であった。彼女たちは、夕方五時までの八時間勤務の日は、一日の作業が終わると日当を受け取り、買い物をして夕食の支度をした。朝は早朝、夫と子どもの食事をつくってから職安に駆け込んで仕事につき、「一日の労働のあと、亭主はごろりとなれるが、主婦は夕餉の買出し、煮炊き、あと片づけを一手に引受けているのが大部分(65)」だった。中には、体の弱い夫に代わって仲仕の収入で子どもを育て上げた人もあり、彼女たちは、家計を担う働き手であると同時に家事も担ってきたのである。また、出産や病気のときもかなり無理をして荷役を行った。

(64) 同上、二六一頁。
(65) 朝吹（一九九五）一五九頁。

ある元沖仲仕は、「女は辛抱がいいというか、子どもを育てないけん信念があるから、少々のことじゃへこたれんやった」と語る(66)。オールナイトが続く日は、子どもを近所の人に預け、子どもたちは手を引かれて波止場に母親の働く沖の船を見に行ったという。

このように、身を粉にして働いた女仲仕も、時代の変化の中で、次第に数を減らしていった。最後に、「港から女が消える時(67)」を見ていくことにしたい。

7 「港から女が消える時」

第5節で見たように、昭和二八年に一七〇〇人いた日雇仲仕は、昭和四一年の港湾労働法施行の際、男性三七五人、女性二五四人の計六二九人が登録されていた。そして、五年後の昭和四六年には男性四〇〇人、女性三〇〇人（計七〇〇人）となっている（沿岸仲仕を含む）。

女性の沖仲仕だけの数を見ると、昭和四七年当時、一六五人が登録されており、年齢は、二〇代が二人、五〇歳前後が最も多く、七〇歳もいたとのことである(68)。昭和四一（一九六六）年に来日したサルトル、ボーヴォワールが、七三歳の仲仕にインタビューしたという記録があるので(69)、彼女たちは七〇歳過ぎまで現役だったと考えられる。女沖仲仕の数は、昭和五六年の五一人（最年少四一歳、最年長六五歳で六〇歳以上が一六人(70)）から、五七年には三七人へと減っている。

このように仲仕の数は、男女ともに減っていった。その要因はさまざまあるが、まずあげられるのが筑豊の石炭の衰退である。戦後、朝鮮戦争によって景気が上向き、出炭量も大幅に増加するが、炭鉱の労働組合は処遇改善を求めて強力な闘争を行った。中でも昭和二七年一〇～一二月に行われた六三日間の長期ストは、わが国の産業界に大きな危機感を抱かせた。当時はエネルギー源の八割以上を国内炭が占めていた時代で、産業界はこのストをきっかけに石炭から重油への転換をはじめた。いわゆるエネルギー革命である。

(66) 林（一九八三）二三七。
(67) 同上、二七三頁。
(68) 『毎日新聞』昭和四七年三月一八日「おんな仲仕」。
(69) 朝吹（一九九五）一五九頁。
(70) 林（一九八三）三〇八頁。

昭和二八年ごろから門司港では外国炭の輸入が始まった。そして、昭和三〇年を大きな曲がり角に、筑豊では閉山が相次ぎ、石炭輸出港であった門司港も打撃を受け、このときに港を去った人も多いという。天狗取りもこのときに消えた。

二番目の要因は港の機械化である。北九州のもう一つの石炭輸出港であった若松港は、早くから機械化が進み、石炭仲仕も早い段階でいなくなっていたが、門司港は長い間、沖合に停泊した本船への沖積みという荷役スタイルをとってきたので、近年まで沖仲仕の職はあった。また、付近に飼肥料の会社が立地していたために、トウモロコシやコーリャンなどの撒物が多かった。労働組合の闘いもあって、撒物荷役でのグラブバケット（小麦などを大量につかみとったり、掬い取ったりする機械）の導入は遅く、入鍬も長らく必要とされたが、それでも、昭和三六、七年を境に、あっという間にバケット導入が進んだ。機械導入費用はかかるが、荷役時間の短縮と人件費の削減で、すぐに減価償却ができた。また、田野浦、太刀浦に建設されたコンテナターミナルは、港湾自体が巨大な機械装置ともいえ、女沖仲仕がかつて行っていたような仕事はほぼなくなったのであった。

昭和四〇年代後半には、石油ショックの余波を受け入港船舶数は減少し、取扱量も下降した。

こうした港湾の状況を踏まえ、登録日雇労働者については昭和四七年八月、第一次の人員削減が始まり、年々減少していった。昭和四六年に三〇〇人が登録されていた女性の日雇仲仕（沖・沿岸）は、四八年に六〇人が、五一年に一三一人が、五三年には二一人が、五四年には一六人が、次々と港を去っていったのであった[71]。本書で林が記録したのは、まさにこの「港から女たちが消える」寸前の門司の風景である。

そして、昭和六三年、昭和四〇年の港湾労働法が廃止され、新たな港湾労働法が制定された（施行は六四年一月一日）。昭和四〇年港湾労働法は、港湾運送に必要な労働力を確保し、港湾労働者の雇用の安定と福祉を増進するために、一定数の日雇港湾労働者を登録し、優先的に雇用するものであった。しかし、その当時から比べると、上記のように港湾輸送のコンテナ化や荷役の機械化による省力化など、港湾荷役をめぐる環境は著しく変わった。また、経済情勢の悪化による荷役量の伸び悩みのために、日雇労働者

(71)　林（一九八三）二八六頁。

の就労状況の悪化や、雇用調整手当の収支の悪化とこれを維持するための事業主負担の増大などもあって、新しい港湾労働法が制定されたものである。

新港湾労働法では、日雇港湾労働者の登録制度は廃止となり、労働大臣が各港湾ごとに指定する港湾労働者雇用安定センターが労働者を派遣する制度に変わった。関門港では、(財)港湾労働安定協会関門支部がセンターに指定され、従来からの日雇労働者で所定の基準を満たし、就労を希望する人は、同支部の所属常傭労働者となった(平成元年九月末登録者数は、男性一九人、女性一四人の計三三人)[72]。

さらに、平成一二(二〇〇〇)年に新港湾労働法が改正され、港湾労働者雇用安定センターの労働者派遣業務が廃止された。以後は、港湾運送事業を営んでいる事業者のみが、定められた派遣事業対象業務の範囲内で、労働大臣の許可を受けて自社の常傭労働者を派遣することができることとなった。

こうして、港から日雇の女沖仲仕が消えたのであった。

---

(72) 北九州市開港百年史編さん委員会編(一九九〇)四五六−四五七頁。

おわりに

これまで見てきたように、明治二二年に開港した門司港は、今日までの一二〇余年間、石炭の輸出港として、戦時の軍港として、客船の燃料補給港として、また、工業製品や原材料の輸出入を行う国際貿易港として、明治の近代化から戦後の高度経済成長期を経て今日まで、わが国の繁栄に貢献してきた。現在もわが国の貿易量のほぼすべてが港湾を経由しており、港湾はわが国発展の生命線である。

門司港の港としての性格は時代の変遷とともに移り変わったが、貨物の取扱という役割は変わらず、その役割を果たすための荷役は、最も重要かつ不断の業務である。

門司港は、入港船舶数が多く岸壁が足りなかったため、沖合に停泊した本船での沖合荷役が多く、機械での作業ができなかったこともあり、長く人力での荷役作業が続いた。荷役作業は過酷な重労働であり、とかく男性の仕事と思われがちであるが、門司港では多くの女性が、男性とともに沖仲仕の仕事を行ってきた。門司港の「女沖仲仕」は、一世紀にわたってわが国の経済の発展と人々の生活を支えてきたということをここに改めて記したい。

最後に、門司港の歴史の中で、女沖仲仕という職業がなぜ生まれ、なぜ消えていったのかを総括することにしたい。

第2節で小括したように、門司港が開港すると、荷役業者の親方とともに大勢の仲仕が門司に集まって来、その妻や娘も仲仕として働くようになった。門司港の発展に伴い、仲仕の仕事も増え、女性は仕事が丁寧でかつ賃金が安かったので多くの女仲仕が生まれたのであった。戦後は、これらの女性に加え、職を求めて漁村などから流入した人もいたようで、彼女たちはみな、家計を支え、生きるために働かなければならなかった。

一方、港湾荷役という業務は、船舶の入港状況によって作業量が急激に増減する。このいわゆる「波動性」のために、荷役業者は常傭を抱えることが難しく、日雇労働力への依存度が高かったことが、女性を多く雇用することにつながった。

また、港湾荷役は、船舶の滞船時間を短くするための「クイック・ディスパッチ」(本船速発体制＝迅速荷役)が要求されるために、仲仕に対して長時間労働を要求し、女仲仕のオールナイトも事実上存在した。

女性にとって、仲仕の仕事は、日雇で身分的には不安定で、男性との間に賃金格差もあり、かつ重労働であったが、作業量をこなしさえすれば特別な資格は要らず、他の力仕事よりも賃金が高かった。

港湾荷役という業務の性格、長く人力に頼った門司港の荷役事情と、女性たち自身が働くことを必要とした事情が合致したところに、門司港の一世紀にわたる「女沖仲仕」という職業が存在したといえる。

労働基準法の遵守が徹底され、港湾が機械化し、コンテナリゼーションが進むにつれ、女沖仲仕は消えていった。つまり、女沖仲仕は前近代の港湾労働の中に存在し、その近代化とともに姿を消したのであった。

しかしながら、港湾関係者へのインタビューを通じて、筆者が感じたことは、港湾関係者が、女性の働く姿勢や適応力を高く評価しているということである。女性が港湾で働くということを、ごく自然に受け入れている。機械化は女性の入鍬の職場をなくすことになったが、さらに機械化やコンピュータ化が進むことによって、女性が参入する場は増えている。すでに、ストラドル・キャリア(コンテナを移動させたり積み上げたりするために用いられる特殊自動車)の運転手やターミナル・オペレーターとして、女性が港湾業務に従事しているともきく。「女沖仲仕」という仕事は消えたものの、女が港から消えたのではなく、次の世代の女性たちへとバトンタッチをしたと考えたい。

【謝辞】

本稿執筆にあたっては、大変多くの方々にご支援とご教示をいただいた。特に港湾関係は専門的な事柄が多く、皆さんのご協力がなければ本稿は書けなかった。資料や情報を提供いただいた個人・機関は次の方々である（順不同）。心からお礼申し上げます。門司郷土会幹事・内山昌子氏、門司区女性団体連絡会議・岡本三津子氏、池留チヨ子氏、小園美智子氏、門司港運（株）代表取締役専務・永木三茂氏、（財）港湾労働安定協会関門支部港湾労働者派遣制度活用推進アドバイザー・小野讓氏、第一港運（株）代表取締役会長・岡部秀年氏、響灘・洞海タグ協会専務理事・中川一彦氏、元日本通運（株）川上誠氏、元北九州市門司港レトロ室・堀内孝志氏、元北九州市港湾局・神﨑哲朗氏、小倉公共職業安定所門司出張所港湾労働課、全日本港湾労働組合関門支部。とりわけ、永木三茂氏からは、長く門司港の研究をされた故永木睦文氏の所蔵資料を提供いただいた。ありがとうございました。最後に、本書の著者である故林えいだい氏からは、生前に何度も関門の女沖仲仕の話を伺った。改めて心からお礼申し上げます。

【参考文献】

朝吹登水子（一九九五）『サルトル、ボーヴォワールとの28日間――日本』同朋舎出版
今村元市（二〇〇六）『門司区町名辞典』門司郷土会
運輸省第四港湾建設局北九州港工事事務所（一九八八）『門司港五十年の歩み』
岡倉伯士編（一九五五）『関門経済の研究』山口大学経済学部
男澤智治他（二〇一〇）『北九州市産業技術史調査研究　北九州港のコンテナ物語』北九州産業技術保存継承センター
神﨑智子（二〇一七）「北九州の公害克服の歴史を動かした戸畑婦人会の活動」、林えいだい『《写真記録》これが公害だ――北九州市「青空がほしい」運動の軌跡』新評論、「解説」
北九州運輸三十年史編集委員会編（一九八二）『北九州運輸三十年史』北九州運輸株式会社
北九州市開港百年史編さん委員会編（一九九〇）『北九州の港史　北九州港開港百年を記念して』北九州市港湾局
北九州市産業史・公害対策史・土木史編集委員会産業史部会編（一九九八）『北九州市産業史』北九州市
港湾流通システム研究会編（一九九一）『港湾業務の体系』港湾都市情報サービス
小林輝夫（一九九九）『日本の港の歴史――その現実と課題』成山堂書店
高野江基太郎（一八九七）『門司港誌』中村近古堂
高野江基太郎（一九七三）『門司港誌』名著出版
鉄道院編（一九一六）『本邦鉄道の社会及経済に及ほせる影響』中巻、鉄道院（国立国会図書館デジタルコレクション http://dl.ndl.go.jp/info:ndljp/pid/966529/326?tocOpened=1）
洞海港務局編（一九六三）『洞海港小史』洞海港務局

永木睦文（一九五五）「天狗取り荷役　関門港における焚料炭の手揚作業」、荷役研究所編『荷役と機械』荷役研究所
中野金次郎（一九九五）『海峡大観』（現代語訳版）北九州港振興協会
中山主膳編（一九六一）『門司港志』門司市立図書館
野畑彦藏（一九七八）『人生旅日記』非売品
羽原清雅（二〇一一）『「門司港」発展と栄光の軌跡　夢を追った人・街・港』書肆侃侃房
林えいだい（一九八三）『海峡の女たち――関門港沖仲士の社会史』葦書房
不破勝敏夫（一九五五）「関門地方の港湾労働事情」、山口大学経済学部岡倉伯士編『関門経済の研究』山口大学経済学部
不破和彦（一九七三）「明治・大正期の門司港湾労働運動史料」、『東北大学教育学部研究年報第21集』東北大学教育学部
不破和彦（一九七五）「港湾労働者の同盟罷業と「組」制度――明治期・門司港の石炭仲仕の事例」、『東北大学教育学部研究年報第23集』東北大学教育学部
堀雅昭（二〇一七）『関門の近代――二つの港からみた一〇〇年』弦書房
毎日新聞社編（一九七三）『関門海峡』毎日新聞社
松本和樹（二〇一四）「洞海湾若松港における港湾荷役業」、『北九州市若松洞海湾における船上生活者の歴史的変容――オーラルヒストリーからのアプローチ』神奈川大学日本常民文化研究所非文字資料研究センター（神奈川大学学術機関リポジトリ http://hdl.handle.net/10487/12974）
門司区役所まちづくり推進課（二〇〇六）『門司の歴史』
門司港駅（一九八一）『門司港駅九〇年の歩み』
門司市史編集委員会編（一九六三）『門司市史　第二集』門司市役所
門司市役所編（一九三三）『門司市史』
門司市役所編（一九五二）『門司港　昭和二十七年』門司市役所
門司市役所経済部産業課編（一九五四）『関門経済史　第二輯』門司市役所
門司市役所経済部産業課編（一九五五）『関門経済史　第三輯』門司市役所
門司税関一〇〇周年記念誌編集委員会編（二〇〇九）『門司港と門司税関の軌跡〜門司税関一〇〇年の歴史』門司税関
柳田桃太郎（一九七七）『ふるさと門司』金山堂書店
米津三郎編著（一九六四）『明治の北九州』小倉郷土会
労働省職業安定局編（一九六九）『港湾労働関係法令集』

林えいだい 1975〜83年の仕事

著者・林えいだいは，1975年９月，「関門港の女沖仲仕たち」の本格的な取材に着手し，以後８年かけて丹念な聞き取りと追跡調査を行い，彼女らの姿を大量のフィルムにおさめた。本書はこのときの写真を中心に構成されている。

林はすでに当時，写真誌の草分け『アサヒグラフ』の特約記者として活躍しており，取材開始からほどなくして，彼の写真と文による「女ごんぞ」の記事が同誌に掲載されている（1975年10月10日号，次頁参照）。記事は大きな反響を呼び，沖仲仕たちもこぞってこれを読んだ。林は当時のことを次のように語っている。「かなり口の堅い人も多かったんだけれども，『アサヒグラフ』のおかげで，自分たちが誇りをもってやってる仕事を世間に知ってもらえたというので，すごく喜んでくれてね。それから一気にうちとけて，いろんな話をしてくれるようになったんだ」（2017年３月，編集部による聞き取り）。

そして1983年５月，８年越しの取材をまとめ，葦書房より『海峡の女たち――関門港沖仲仕の社会史』を上梓する。林はこの仕事によって，「その存在さえよく知られていなかった女沖仲仕の実像に迫った」（大矢雅弘「ジャーナリズム列伝　記録作家・林えいだい10　世界に類のない女の仕事」，『朝日新聞』2011年７月12日）。本書もこの労作に多くを負っている。［新評論編集部］

『海峡の女たち』表紙

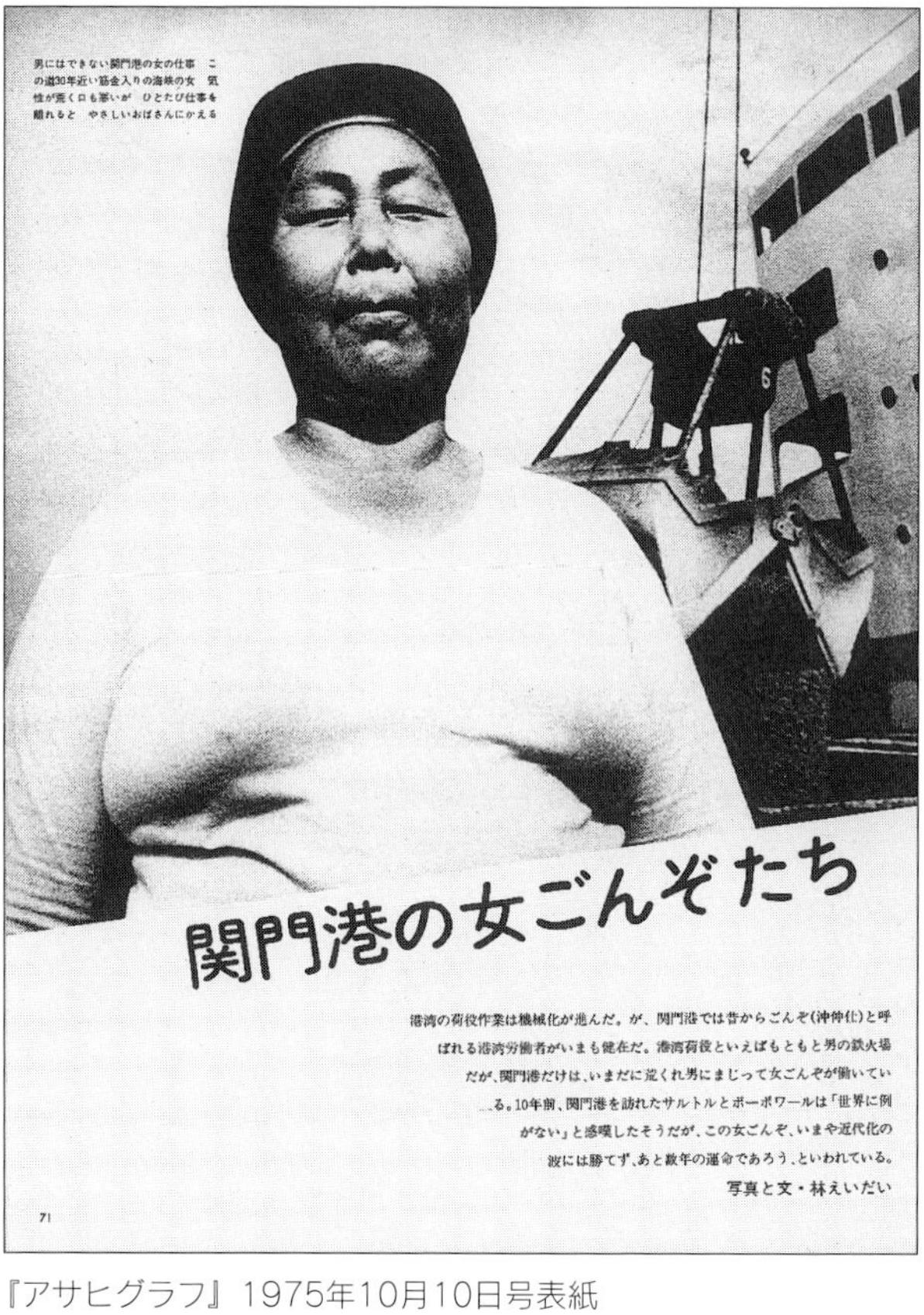

男にはできない関門港の女の仕事　この道30年近い筋金入りの海峡の女　気性が荒く口も悪いが　ひとたび仕事を離れると　やさしいおばさんにかえる

関門港の女ごんぞたち

港湾の荷役作業は機械化が進んだ。が、関門港では昔からごんぞ(沖仲仕)と呼ばれる港湾労働者がいまも健在だ。港湾荷役といえばもともと男の鉄火場だが、関門港だけは、いまだに荒くれ男にまじって女ごんぞが働いている。10年前、関門港を訪れたサルトルとボーボワールは「世界に例がない」と感嘆したそうだが、この女ごんぞ、いまや近代化の波には勝てず、あと数年の運命であろう、といわれている。

写真と文・林えいだい

71

上：『アサヒグラフ』1975年10月10日号表紙
下：林の写真・文による「関門港の女ごんぞたち」記事（同誌 p.71-75）

おわりに

森川登美江

えいだいさんは本当に「女沖仲仕」（女ごんぞう）たちが好きだった。心底「惚れていた」と言っても良い。彼女たちの話をするときの彼は実に楽しそうだった。彼が逝って半年たった今でも、その笑顔が眼に浮かぶ。

苦学生だった早稲田大学時代、彼は時々、手っ取り早くお金になる仲仕のアルバイトをした。忙しいときは三日連続でオールナイト（仲仕たちは略して〝オールナイ〟と言う）になることもあった。「三日目には本当に血の小便が出たよ」と、彼は辛そうな顔をした。そんな経験があったから、一九七五年に久しぶりに門司を訪れ、突然はなやいだ女沖仲仕たちの一団にでくわしたとき、すぐカメラを構えた。「うちたちは見せ物じゃなか。ごんぞうちいうてばかにしなさんな」と肩を強く叩かれた。それが関門港で働く女沖仲仕たちとの出会いであった。

それから彼はせっせと門司に通い、彼女たちの話を聞き、その姿を撮影し続ける。「よく焼き鳥やホルモンなどを奢ってもらったよ。彼女たちは重労働だからよく食うんだ」と、当時のことを思い出しては眼を細めていた。四〇年たってもその想い出は彼の胸の中に生き生きと残っていて、いつでも再現できるという風だった。

そうして八年がかりで取材して出版したのが、本書の元となった『海峡の女たち――関門港沖仲仕の社会史』（葦書房、一九八三年）である。発行当時だいぶ注目されたようで、多数の書評の切り抜きが残っている。男でも音を上げるような重労働に耐えて黙々と働く彼女たちの姿を目撃したサルトルとボーヴォワールも、「世界でも類を見ない女性労働だ」と驚嘆している。

数百人もの女沖仲仕の存在は他に例がないとして、二〇一七年初頭、法政大学大原社会問題研究所からえいだいさんにインタビューの申し込みがあった。しかし、彼はがん治療のためすでに入院が決まっていて、お断りせざるを得なかった。結局、同研究所の方々とお会いするチャンスがないまま、彼が永遠に旅立ってしまったのは痛恨の極みであるが、新評論のご厚意でこうして本書を霊前に捧げることができるのは望外の喜びである。

本書は私にとっても忘れられない一冊になった。病院に大量の資料を持ち込み、ベッドの上で相談しながら掲載する写真を選び、キャプションをつけた。私は二二年間ずっと彼の仕事を支援してきたが、本書がついに最後の共同作業になってしまった。命の終焉が遠くないことを自覚していただけに、彼も本書の出版を非常に心待ちにしていて、「まだ出来ないかな?」と何度も口にしていたので、進捗状況を知らせると、嬉しそうに頷いていた。

取材当時、すでに高齢であった彼女たちだから、鬼籍に入られている方も多いことだろう。えいだいさん、あの世で彼女たちとの邂逅を果たして、本書を肴にまた楽しく思い出話に花を咲かせてください。

【付記】今年（二〇一八年）創設予定だった〈林えいだい賞〉について、時々問い合わせをいただきますが、えいだいさん本人が「〈えいだい賞〉なんておこがましい。作家仲間の仁義に悖る」と強く反対され、「俺の最後の頼みだから聞いてくれ」とおっしゃるので、準備委員会としては本人の意向を無視できず、無期延期といたしました。真実の記録を残したいと頑張っておられる方々を少しでも激励できればと考えて準備をすすめてきた賞ですので、残念ですが、将来また要請の声が上がってきたときに再検討するつもりでおります。なお、えいだいさんが遺した私設資料館「ありらん文庫」は森川が継承し、資料の整理に当たりますので、御用の節は森川までご連絡ください。

寄稿者紹介

西嶋真司（にしじま・しんじ）【刊行によせて―モノクロームの記憶】福岡県福岡市出身。RKB毎日放送株式会社制作部門のディレクターとして，「共生～朝鮮学校を知っていますか」（2003年），「コタ・バル～伝えられなかった戦争」（2011年），「カンテラさげて～遠い日の炭鉱唄」（2012年），「嗣治からの手紙～画家は，なぜ戦争を描いたのか（2014年）などのドキュメンタリー番組を製作。2016年監督作品『抗い　記録作家 林えいだい』（制作・配給：グループ現代，製作・著作：RKB毎日放送）が第23回平和・協同ジャーナリスト基金賞大賞を受賞。

神﨑智子（かんざき・さとこ）【解説　門司港の「女沖仲仕」の歴史】福岡県築城町（現築上町）出身。香蘭女子短期大学非常勤講師。元（公財）アジア女性交流・研究フォーラム主席研究員。博士（法学，九州大学）。女性政策，ジェンダー論，法女性学，女性団体，町内会・地域コミュニティを研究分野とする。著書に『戦後日本女性政策史』（明石書店，2009年），『北九州市女性の100年史』（共著，ドメス出版，2005年）など。

森川登美江（もりかわ・とみえ）【おわりに】長崎県佐世保市出身。大分大学名誉教授。専門は中国文学，アジア学。北九州大学外国語学部中国語学科卒，九州大学大学院文学研究科博士課程単位取得退学。福岡県を中心に近隣の主要大学の非常勤講師を務めたのち，大分大学経済学部教授。「記録作家 林えいだい記念ありらん文庫資料室」室長。福岡アジア文化センター（http://fuk-acc.com/）主宰。日中友好協会大分支部長。混声合唱組曲『悪魔の飽食』（森村誠一原詩，池部晋一郎作曲）福岡合唱団団長。共訳書に楊義・張中良・中井政喜著『二十世紀中国文学図志』（学術出版会，2009年）など。

【協力】
福岡アジア文化センター

著者紹介

林《はやし》えいだい

1933年12月4日福岡県香春町生まれ。記録作家。2017年9月1日没。

早稲田大学文学部中退後，故郷に戻り香春町教育委員会に勤務。1962年，戸畑市教育委員会に赴任，三六地区および東戸畑地区の公民館で婦人学級を担当し「青空がほしい」運動にかかわる。70年，作家専業となる。

以後，徹底した聞き取り調査で，公害，朝鮮人強制連行，差別，特攻隊など民衆を苦しめた歴史の闇を暴きつづけた。1967年読売教育賞，1969年朝日・明るい社会賞，1990年青丘出版文化賞，2007年平和・協同ジャーナリスト基金賞を受賞。2017年，その半生を描いたドキュメンタリー映画『抗い　記録作家 林えいだい』（監督：西嶋真司）が公開された。

『八幡の公害』（朝日新聞社），『海峡の女たち』（葦書房），『筑豊米騒動記』（亜紀書房），『清算されない昭和』（岩波書店），『女たちの証言』（文藝春秋），『松代地下大本営』（明石書店），『日露戦争秘話 杉野はいずこ』『台湾秘話 霧社の反乱・民衆側の証言』『実録証言 大刀洗さくら弾機事件』『《写真記録》これが公害だ』（以上新評論），『陸軍特攻・振武寮』（東方出版），『《写真記録》筑豊・軍艦島』（弦書房）など著書多数。

《写真記録》関門港の女沖仲仕たち
近代北九州の一風景

2018年3月25日　　初版第1刷発行

著　者　林えいだい

発行者　武市一幸

発行所　株式会社　新評論

〒169-0051　東京都新宿区西早稲田3-16-28
http://www.shinhyoron.co.jp

電話　03（3202）7391
FAX　03（3202）5832
振替　00160-1-113487

落丁・乱丁本はお取り替えします。

定価はカバーに表示してあります。

印刷　フォレスト
製本　中永製本所
装訂　山田英春

ISBN978-4-7948-1086-1
Printed in Japan

好評刊　林えいだいの本

日露戦争秘話　杉野はいずこ
英雄の生存説を追う

戦意高揚のため，「軍神」廣瀬中佐とともに英雄に仕立て上げられた杉野孫七兵曹長。その実像を求め，西日本および旅順への大取材を敢行。はたして彼は「噂」どおり，生きのびて満州に渡ったのか，それとも…？

[四六並製　232 頁　1800 円　ISBN4-7948-0416-4]

実録証言　大刀洗さくら弾機事件
朝鮮人特攻隊員処刑の闇

「陸軍最後の切り札」とされた特攻機はなぜ燃やされたのか。朝鮮人通信士を裁いた憲兵隊と軍法会議に正当性はあるのか。二十数名の関係者からの丹念な聞き取りをもとに戦争と民族差別の闇を鋭く暴く，反骨の作家入魂の証言集。

[四六並製　296 頁　2500 円　ISBN978-4-7948-1052-6]

《写真記録》これが公害だ
北九州市「青空がほしい」運動の軌跡

高度成長下の「鉄の町」で，ひとりの公務員が女たちとともに立ち上がる――作家の原点をなす 1968 年発表の処女写真集を完全復刻！日本の公害克服の歴史を動かした市民運動を，約 140 点の貴重な写真と詳細な解説でたどる。

[A5 並製　192 頁　2000 円　ISBN978-4-7948-1064-9]

《表示価格：消費税抜き本体価》